The Rise of
the RMB and the
Fall of the Yen

人民币崛起
与日元之殇

于泽 著

上海三联书店

致敬心中的精灵、重生的灵魂、我的信仰、我的恩师。

To my spirit, my forgiven soul, my belief, my mentor.

前　言

　　我生长在人类近代历史上一个最幸运的时代，在短短的半生时间里，从父辈的"铁饭碗"中走出了一个勇于与美国共同承担同塑世界经济金融新秩序的世界"共同利益攸关方"——中国。这一切，让本书、我的成长、我的时代，都凝结了独特的自信、敢于续写东西方经济文明和对世界格局的思考。

　　2011年，我受邀主持悉尼大学中国中心与财新传媒共同举办的人民币国际化前景论坛，对话嘉宾包括人民币国际化领域的重量级学者黄益平教授，和当时坐在观众席的现任澳大利亚总理特恩布尔先生（时任澳影子内阁电信部部长）。多日为主持这次论坛所做的准备，让我对人民币国际化的未来充满了好奇心与求知欲。至此，人民币国际化领域成为了我博士生涯的学术图腾。

　　2015年7月，中国资本市场出现急速动荡，世界都在关注中国政府对资本市场的深度干预所取得的成效，我于纽约再次主持关注中国经济未来的论坛。这次的对话嘉宾均是世界级的风云人物：美国联邦储备前任主席格林斯潘博士，美国奥巴马时代拯救2007金融危机的力挽狂澜者、哈佛大学第28任校长萨默斯博士，和赫赫有名的以登其榜单为人生荣耀的福布斯杂志主席福布斯先生。这场对话汇集人类顶尖智商于一堂，也是我在拿到博士学位后首次公开以媒体人身份出现的场合。感谢这4年的学术光阴和导师对我的教导，使我可以顺利地完成这次与经济学顶级大脑的饶有兴致的智慧冲撞。

　　寒来暑往，回望四余年的对中日货币国际化的比较研究，让我对严谨学术更加敬畏，对人性的张力更加谦卑。

中日同属亚太区,是太平洋西岸崛起的近代经济体。中国和日本同是贸易大国,同经历过经济在短时期内的高速发展,先后跃身为世界第二大经济体,并在成为第二大经济体后开始了其货币的国际化进程。中日有着近似的文化渊源和文明价值观,政治制度的系列安排均处在西方的文明体系之外。如果说人类近代史上有一个国家,其货币命运的初始与人民币诸多相似,其货币命运的轨迹对人民币有前车之鉴,这个国家便是日本了。中日货币的比较研究,对今天人民币国际化的决定因素的判断及三重货币职能的发挥有重大意义。

目前,人民币国际化议题犹如茂密的森林,深奥无尽,探寻不止。在此,仅作为一个被智慧驯服的生命,想向所有在此领域深耕的前辈、来者和师友致敬。仅仅试图爬上一棵树的顶端,便已使尽全身解数,回望此处的风景,美不胜收。不敢仰望茂密森林,如此高远,渴望拜读众人数载智慧,以求观其全貌,成人民币国际化始终。

China has madeextraordinary progress and evidences show that the renminbi is getting closer to becoming a floating currency. – Alan Greenspan, 2016

中国(在货币领域)取得了巨大的成绩,迹象表明人民币朝浮动货币更近了一步。——格林斯潘,2016

Beijing was pushed into launching theAsian Infrastructure Investment Bank by US lawmakers' refusal to give China greater clout in existing multilateral institutions. ——Ben Bernanke,2015

中国必须设立亚洲基础设施投资银行,是因为美国的法律制定者们拒绝在现有国际多边框架下给予中国更大的影响力。——伯南克,2015

A high degree of RMB internationalization requires significant capital account liberalization—supported by financial market liberalization including market – determined interest rates, and by effective financial regulation and supervision—which in turn would call for greater exchange rate flexibility so that the People's Bank of China (PBOC) can enjoy monetary policy autonomy. ——BarryEichengreen and Masahiro Kawai, 2014

深度人民币国际化需要高度的资本项目的自由开放 – 以金融市场的开放,包括利率市场化,和金融市场的有效监管为支撑 – 这将随之要求汇率有更大的市场浮动性,以赢得中国央行的货币政策的独立性。

——Barry Eichengreen and Masahiro Kawai, 2014

于泽的其他著作：

《无欲自芳菲》，2011年出版

《百国大使谈中国》，2013年出版

于泽对话美联储前任主席格林斯潘先生

摘　要

在漫漫历史长河中，中国曾登顶18世纪末的世界经济大国之巅，今天再次成为世界第二大经济国和第一大贸易国，其对人民币成为国际货币的客观要求已成为必然。人民币的国际化，在市场的自发行为下，已经在上世纪90年代中国的边境贸易中悄然兴起。随着人民币国际地位的不断提升和经济金融国际化的需要，人民币的国际化已经明确纳入国家的发展战略。

同在东亚崛起的国家，中国与日本在货币崛起阶段有着深刻的经济体量、经济结构、地缘政治、文化根基、外部环境等的相似性。日元在上世纪80年代正式开始国际化进程的漫漫30余年中，可以说是进行了一次相对技术优势转化为战略劣势的尝试。从技术层面，日元在国际贸易结算领域，无法完成"去美元化"；在国际投资领域，形成了对发达国家和发达国家货币的依赖；在国际储备层面，日元汇率方向的不确定性，使日元丧失了他国对其作为储备货币的信心。日本央行货币政策的误判及对于处理资产泡沫与通胀温和之间货币政策的摇摆不定，最终导致了日本经济"失去的十年"，彻底丧失了日元成为国际主要货币的历史机遇。当然，反思日元国际化的进程，最终日元没有形成与其当时经济地位相匹配的货币，应同样归咎于日本在日元国际化的黄金时代，缺少战略的远见和以日元为国际货币的整套经济金融政治制度的顶层设计。在日本经济好光景时，日元就被世界欣赏；在经济衰退时，日元就被世界遗忘。它是在以美元为核心的国际货币体系下的一个可有可无的"装饰"，一个在现有的国际货币体系中被边缘化的货币。

鉴于人民币与日元国际化初期的相似性，本论文着重从多层面多角度比较分析日元国际化进程中的思路、路径与障碍，以期对人民币国际化进程作出启示。

本文首先从国际货币的决定因素角度，分析经济体量（GDP、贸易总额、国际收支）、货币币值的稳定性（内部与外部币值的稳定性）、金融市场的深度和广度、国际货币的网络外部性（路径依赖）等四大类因素，对中日货币国际化进程所分别产生的影响。本论文认为一国货币成为国际货币的决定因素中,经济体量因素,即该国的GDP、贸易额等变量和该国金融市场的深度与广度是具有最显著性的两类影响因素。同时,针对国际货币决定性因素的实证分析,以货币作为国际储备货币的份额作为研究变量,得出在满足各约束条件,即在中国实现利率、汇率市场化,资本项目完全开放的情况下,人民币有可能在2030年左右成为与美元并驾齐驱的国际货币的预测。

  本文进而从国际货币的职能角度,对日元履行国际货币的计价单位、交易媒介及价值储备三大货币职能作出评价,挖掘日元在各职能领域发展受到阻碍的深刻原因,并就此对面临诸多相似内外部因素的人民币国际化作出预见。

  本文随后从非市场性因素角度,对日元国际化的制度性障碍,货币政策的失误等因素进行分析,对人民币国际化进程的制度设计提供了进一步的思考。

  综合以上从技术层面的多个角度对日元国际化进程的全面分析与反思,本论文进一步深度挖掘日元国际化在战略层面的最根本的因素。正如在近代经济史中,每一次经济和货币强国的崛起,都是一个伟大国家的精英阶层的顶层设计和战略博弈的结果。美国经过两次世界大战对世界秩序的清理和高瞻远瞩的布雷顿森林体系,赢得了世界货币的霸权。欧洲二战后,多年的军事权、政治权与经济权的三权分立,营造了最终欧元区各国政府的高度政治妥协的可能,并从此来换取经济的共同利益。顶层设计的高屋建瓴在日元的国际化道路上,出现得太晚太迟。中国近年的经济崛起,一直都不缺少精英阶层对国家经济战略的顶层设计。在人民币国际化的道路上也是如此。

  针对以上对于中日货币国际化的综合分析,本论文最后提出人民币国际化应该不仅攻克各技术层面的难关,包括保证经济的稳定健康发展,以科技创新为基础的经济结构升级,保证短期内币值的强健稳定,在资本项目无法完全可自由兑换的前提下,最大限度地完善金融市场的深度和广度的建设,以及谋求在贸易、投资领域更大的人民币计价地位。人民币将在目前的"面向发达国家+货币互换+双边贸易本币结算+离岸人民币债券"模式的基础上,同时走出一条"面向新兴市场+区域金融治理体系+双边投资协定+科技为核心的商品定价权+金融深化为核心的金融资产定价权"的模式。两种模式并行，即是汲取日元国际化的教训，与现有的国际货币体系平行，我国应该走出一条货币区域化的发展道路，这种区域化道路不仅仅包括东亚国家的区域一体化，也应该包括目前中国已经在积极推进的金砖四国投资银行及欧亚大陆经济带战略。

本文针对人民币目前在亚太区域的锚货币地位，进行了人民币与美元、日元、欧元在东南亚作为锚货币相比较的实证分析。分析结果显示，目前人民币仍然在东亚面临美元的强大威慑。人民币已经成为东亚某些国家的锚货币，人民币在本地区超越日元的趋势是显而易见的。在积极布局区域经济格局的同时，中国应尽快争取成为该区域货币体系的锚货币，这可能是实现人民币成为国际货币体系"必需品"的通道。否则，难逃如当年的日元再次成为国际货币体系的"套利货币"的命运。

2014年，在国家领导人的密集出访中，人民币国际化进入了自2007年香港离岸中心设立以来的第二次高潮。人民币国际化之路尚远，本论文在此时的贡献将是微不足道的，期望人民币国际化一路顺利。

关键词：日元国际化、人民币国际化、锚货币

Abstract

It is inevitable that great currencies are created by great countries. The world's greatest economic power towards the end of the 18th century, China rose to its economic strength yet again. Economic influence is paralleled with the necessity of the international status of its currency. Throughout world economic history, currency dominance by a major economic power of the world was not only the natural result of its sheer economic and financial fundamentals, but also the result of a grand strategic vision by its top leadership and the swift maneuver through fierce currency competition.

This can be witnessed through the extended dominance of the Sterling in the early 1900s by its commonwealth trade and currency integration. US dollars overtook the sterling through reconstruction of world order by two World Wars and the strategic Bretton Woods formation. The construction of the Euro was also a result of deep political concession in exchange for common economic prosperity inside Europe. This level of strategic vision and design was not witnessed in Japanese Yen's accession to the world stage. China is a country that has not been in lack of political will or vision in recent history. In a vision to achieve the RMB's international status, the Chinese leadership will most likely accomplish this objective with great political foresight and strategic determination.

As rising powers from the East Pacific, China and Japan shared geopolitical, economic, structural, financial and cultural similarities. On this basis, the comparability study of the rise of the Japanese Yen and the Chinese RMB warrants a great insight into today's RMB internationalization process and the potential barriers it need to break through in order not to repeat the technical wrongdoings and strategic challenge of the internationalization of the Japanese Yen.

This dissertation goes in depth into the studies on the important determinants of an international currency, the functions of an international currency, and the systemic determinants of an international currency, to examine the causes of challenges of the Japanese Yen in its internationalization process.

First of all, in evaluating the major determinants of an international currency, economic scale (GDP, international trade), confidence in the currency (volatility and the velocity of volatility of inflation, exchange rate volatility), the depth and width of its financial markets, and network externalities, were all examined based on the historical factors of the Japanese Yen's internationalization. In evaluating the functional performance of the Japanese Yen as an international currency, a unit of account, medium of exchange and store of value were all detailed. In the systemic determinants of Yen's internationalization, Japanese central bank's policy errors and systemic constraints in its financial system both were determined to have played a material factor. In conclusion, from a technical perspective, the Yen never broke through the dominance of the US dollar as a unit of account in trade. USD remained the main invoice and settlement currency in Japan's international trade. U. S. remained Japan's prime investment destination at the time of Yen's accession to the world, with USD as the most used currency denomination in its international capital transactions. Hence, Yen neglected the fundamental responsibility as an international currency, which is to inject liquidity into the global currency system. Japan's dilemma in depreciating the Yen in order to propel its export growth, has always played against its own benefit of having the Yen respected and trusted as an international reserve currency, particularly amongst East Asian countries. The policy error of Japan's central bank during the time of Japan's asset bubble in 89-92, resulted in Japan's economic contraction, so went the rise of the international status of the Japanese Yen.

The study of the internationalization of the Japanese Yen provides many historical perspectives that Chinese RMB could reflect upon. Based on the determinants aforementioned of an international currency, an empirical model was run to forecast the probable reserve currency status of the RMB. Given allpolicy constraints removed, namely the achievements of full capital account convertibility, liberalization of interest rates and exchange rates and continued political stability, RMB is likely to enjoy equal reserve currency status with the USD around 2030.

Another empirical study was run to forecast whether RMB has achieved referencecurrency status in East Asian Economic bloc. Based on the empirical research, RMB as a reference currency has started to develop its momentum in East Asian bloc. However, its status remains a distance away from challenging the dominance of the US dollar in the region. However, RMB has become a more viable reference currency for East Asia, compared with the Yen.

By comprehensive examination of the internationalization of the Yen, and the two empirical studies, this dessertation hopes to bring policy advice to the internationalization of the RMB. There is no doubt that the RMB needs to break strong technical barriers in enhancing its use as an international trade settlement currency, investment currency, and reserve currency, in an international currency system where the US dollar dominates the global pricing power on almost all of the natural resources, financial products and information pricing. If China were to adopt the approach of expanding RMB use through trade and investment activities with developed economies, RMB would mostly likely fall into " US Dollar domination" where China enjoys miniscule global pricing power, hence currency power. RMB could again run the risks of becoming an international currency ideal for "carry trade", thereby providing attractiveness only when RMB appreciated and allowed little flexibility for Chinese monetary policies. Alternatively, China could explore the possibility of achieving in parallel, a regional central currency status, as a way to eventually gain its central presence in the global currency system. This could be the most probable approach for Chinese RMB for the moment, in avoiding the trap of becoming yet another currency for "carry trade", in its rise to become a major international currency.

Keywords: internationalization of the RMB, internationalization of the Yen, determinants of international currency, reference currency

目　　录

1 绪　论 ……………………………………………………… 1
　1.1 问题的提出 …………………………………………… 1
　1.2 文献综述 ……………………………………………… 4
　1.3 论文思路及框架 ……………………………………… 22
2 日元国际化的回顾及人民币国际化的概况 ……………… 26
　2.1 日本经济及日元的世纪命运 ………………………… 28
　2.2 人民币国际化的概况 ………………………………… 36
3 日元国际化与人民币国际化进程的相似性与差异性 …… 46
　3.1 中日国别经济的相似性 ……………………………… 46
　3.2 中日同处世界环境与自身地位 ……………………… 52
　3.3 中日两国货币国际化进程的差异性 ………………… 56
4 货币国际化的决定因素与中日货币国际化进程 ………… 61
　4.1 影响一国货币国际化的决定因素 …………………… 61
　4.2 日元国际化进程：货币国际化决定因素 …………… 64
　4.3 人民币的国际化：货币国际化的决定因素 ………… 74
　4.4 人民币国际化进程的实证分析 ……………………… 79
5 国际货币职能与中日货币国际化进程 …………………… 88
　5.1 日元国际货币职能的评价 …………………………… 88
　5.2 人民币国际货币职能的评价 ………………………… 113
6 日元国际化进程受阻的评价 ……………………………… 128
　6.1 操作层面原因 ………………………………………… 128
　6.2 制度层面原因 ………………………………………… 131

  6.3 战略层面原因 …………………………………………… 138
7 日元国际化对人民币国际化的路径启示 ………………………… 142
  7.1 实现亚洲货币区的可能及锚货币的选择 ………………… 142
  7.2 日元国际化进程对人民币国际化的路径启示 …………… 155
8 结　论 ……………………………………………………………… 164
参考文献 ……………………………………………………………… 166
后　记 ………………………………………………………………… 180

1 绪 论

1.1 问题的提出

1.1.1 选题背景

"一国的货币国际化不是本国政府的主观意志所决定的。"换而言之,货币国际化是市场选择的结果。中国自改革开放以来,经济总量不断攀升,已成为世界第二大经济体。2013年,我国超越美国成为世界第一大贸易国。1996年,我国实现了经常项目下的人民币可兑换。我国金融业改革不断深化,2005年开始实施以市场供求为基础的有管理的浮动汇率制度。除国内经济发展为人民币国际化所提供的客观条件外,2008年后全球经济金融危机导致国际主要经济体遭受严重打击,主要国际货币信用受损,为世界范围内的新兴国际货币的产生创造了客观的历史机遇。在国内和国际因素的推动下,人民币国际化被推上了重要的改革议程。中国的经济影响力,在后全球金融危机时代,得到了进一步的国际社会的认可。在2011年11月的戛纳峰会(Cannes)上,G20领导人共同承诺要为国际货币体系反映世界新平衡及新生国际货币的出现作出切实努力。

一些国际学者认为国际货币格局的变化,从根本上是美国经济和金融霸权衰退,以及世界经济多极化发展的必然结果。随着欧元的出现和人民币国际化步伐的加快,更出现了国际货币可替代的条件。

但有些学者认为,多极化的世界货币和金融体系目前还不具备出现的条件,美元霸权仍将继续。事实也证明,后金融危机时代的美元在全球所处的霸权地位丝毫没有减弱,反而有所增强。即使世界将在未来出现多极化的货币体系,也将有几十年的过渡期,这主要来自学术界一致认为影响国际货币替代的网络外部性及路径依赖的作用。

既然人民币的国际化进程是市场选择的结果,且具有其自发性,人民币的国际化进程也具有其必然性。人民币的国际化进程在经历了自发性的发展阶段后,中央政府正进入积极通过政策手段,推动人民币国际化进入官方发展阶段。

在人民币国际化的进程中,有很多世界成功的经验可以借鉴。世界自16世纪至今,共有19次由新兴的经济体挑战世界原有的霸权并成功的先例。19世纪以来,世界经济领导者的更换,无一不伴随着国际货币体系的改变。

纵观美元替代英镑成为世界中心货币的历史,根据特里芬(1960)等的研究,美国在19世纪70年代(1870s),已经取代英国成为世界第一大经济体,在1913年取代英国成为世界第一大贸易体(按照国际贸易总额计算)。美国在第一次世界大战后,已经成为世界第一大债权国。但在美国取代英国成为世界领先的经济和贸易体后,美国又用了30—70年的时间(根据不同评判标准)才使美元取代了英镑,成为世界中心货币。在这漫漫的货币霸主的争夺过程中,美国经过了两次世界战争对世界秩序的清理,和高瞻远瞩的对于布雷顿森林体系的创建,使美元彻底取代了英镑的地位。

欧元是按照欧元之父蒙代尔的"最优货币区"理论所创建的国际货币。从欧元的创建之日起,它就承担起了国际货币的地位和责任。它是在欧元区内部实行固定汇率制度,对外实行浮动汇率制度的体系。它是欧元区各国,尤其以德国和法国在牺牲本国货币政策独立性的前提下,为了获得国际货币的主要地位而作出的一种高度政治妥协的产物。

本论文认为,人民币国际化的内外部因素,并不具备英镑在19世纪通过英联邦的政治设计形成的全球货币区域优势,当然不具备美元通过两次世界大战及布雷顿森林体系形成的制度设计优势,同样也不具备欧元区各国达成的政治妥协以形成欧元这一天然国际货币的先决条件。人民币的国际化历程与美元和欧元的国际化,不具备天然的可比性。

相比之下,日元国际化却与人民币的国际化具有强大的可比性。

第一,日元国际化与人民币国际化的经济背景相似。日本与中国同是贸易大国,同经历过经济在短时期内的高速发展,先后跃身为世界第二大经济体。日本在成为世界第二大经济体后,正式启动了日元国际化的进程。中国也在成为世界第二大经济体后,加大了人民币国际化的步伐。日元国际化是在伴随着日本经济的高速增长,和日元的持续升值的背景下进行的,人民币的国际化同样伴随着经济的高速增长和人民币升值的历史契机。

第二,人民币国际化与日元国际化的政治制度背景相似。日本是一个政府职能在经济活动中占有重要地位的国家。中国的政府在经济事务中也扮演着重要的角色。

第三,日本与中国的货币国际化,均是在经济体量、贸易规模达到一定程度后,经济发展的自然产物。在货币国际化的道路上,同样面临着用美元所筑建的国际货币金融体系的重重制约,其货币国际化进程在很大程度上是一次贸易、金融体系的"去美元化"束缚的过程。

第四,日元国际化与人民币国际化的地缘因素相似。由于日本与中国地理位置相邻,同属东北亚太平洋地区国家,均在亚太区域经济贸易一体化格局形成中发挥了重要作用。

第五,在西方世界近代经济发展史的背后,是其强大的经济文明价值观。中国与日本同游离于西方经济文明体系的边缘。同样面对中国与日本的只有两种选择:或者改变自身以融入西方经济体系,或者另辟蹊径,寻求与其平行发展的另一套体系。

1.1.2 研究意义

日元国际化与人民币国际化的比较分析政策意义重大。

经过过去漫漫的三个世纪英镑的世界霸权,美元取代了英镑。世界货币格局先后进入了布雷顿森林体系时代(美元盯住金本位,世界主要货币盯住美元)、布雷顿森林体系瓦解后的纯美元本位的牙买加体系时代,进而进入21世纪逐渐形成的以美元本位为基础的世界多极化货币格局时代。每一次新生的世界货币,无不伴随着自身国家强大的经济、金融优势和强大的政治军事力量而登上历史舞台。人民币在逐渐步入国际化进程的经济、金融、军事等内外部条件,与英镑、美元及欧元时期都不具备强有力的可比性。基于上述原因,人民币与日元的国际化历程最具有文化的同根性和经济的相似性。本文力求在对人民币与日元国际化在不同历史时期的相同发展阶段的比较研究中,对日元国际化进程作出深刻反思,对人民币国际化进程提供有效的政策建议,使人民币国际化有效规避日元国际化时期技术和战略的失误,并为人民币国际化以及通过该政策所释放出的改革红利成为中国长足的可持续发展的动力作出贡献。

1.2 文献综述

1.2.1 概念的界定

1.2.1.1 人民币国际化

一国货币国际化,可以从静态和动态两个角度去分析。本论文中所研究的人民币国际化,是一个从无到有,从人民币自发走出国门,由非国际货币演变为国际货币,甚至成为国际中心货币,并成为世界上普遍认可的支付手段、记账单位和贮藏手段的渐进的、动态的经济过程,这里所提到的人民币国际化不是一个静态完成的概念。

1.2.1.2 人民币国际化的目标

Cohen(1971)在《英镑作为国际货币的未来》的研究中提出了国际货币的概念:它是指货币的职能超越一国国境,被国外的官方机构和私人部门所使用的过程。国际货币被定义为一种状态,即在货币国际化达到一定程度之后表现为可在跨国区域以至全球范围内被广泛认可与自由使用,此时的货币被称为国际货币。

由于本论文所指出的人民币国际化是一个动态的、渐进的经济过程,该过程的成功与否是以人民币履行国际货币三大职能的进展情况来衡量的。人民币最终成为与美元、欧元相提并论的国际中心货币,不是人民币国际化成功与否的唯一判断标准。

人民币国际化的最终目标,本论文认为并不一定是人民币在国际货币体系中占有绝对支配地位而作为国际化的评判标准的。目前的国际货币体系中,以美元为世界中心货币的货币格局虽然出现失衡,但并未出现可以替代美元的其他货币。世界货币体系由单一以美元为核心向多极货币格局的转换仍需要较长一段时间。

1.2.1.3 未来的国际货币体系

所谓国际货币体系,是指为了便利国际贸易与国际收支而制定的一整套汇率与信贷的安排准则和措施,与国际达成的一系列协议以及为此目的而建立的各种国际机构等等的总和。

国际货币体系包括四方面内容:第一,汇率制度,即一国货币当局对本国货币汇率变动的基本方式作出的安排和规定,包括汇率的决定依据、变化原则、调整制度等;第二,储备制度,指本国储备资产的构成和规模;第三,对资本账户的管理,包括对资本自由流动的态度,实施管理的原则和目标;第四,国际收支不平衡的调节,包括顺差国和逆差国的调节责任的分配、调节的手段、国际援助和国际合作。

Cooper(1987)按四方面内容的选择,将国际货币体系列为如下国际货币体系组合可能。

表 1-1 国际货币体系的选择

汇率制度	储备资产	资本自由流动
Ⅰ 固定	A 黄金	1 充分
Ⅱ 可调整平价	B 特别提款权	2 双重
Ⅲ 爬行盯住	C 美元和其他货币	3 管制
Ⅳ 管理浮动	D 欧洲货币单位	
Ⅴ 自由浮动		

注:Ⅰ-A-1 组合是国际金本位制;Ⅱ-A-3 组合是初期的布雷顿森林体系;Ⅱ-C-3 组合是美元本位制;Ⅳ-C-1 组合是目前的国际货币体系;Ⅴ-D-1 组合是欧盟货币体系资料来源:Cooper,1987.

1.2.2 货币国际化相关理论综述

1.2.2.1 货币替代理论

货币替代在一国货币履行计价手段、交易媒介和价值储藏这三大货币职能中都有可能发生。本国居民越长期习惯于用他国货币作为计价货币,本国货币的计价职能越容易被替代。货币履行价值贮藏职能时,通常会以两种形态存在,即转化为付息的名义资产或作为具有流动性的货币资产。一国的资本市场流动性越强,金融市场越发达,该国货币的替代性就越强。当作为交易媒介时,如果一国货币在金融市场中作为交易媒介替代了他国货币,那么该国货币也更加容易在私人交易中替代他国货币。

"格拉斯曼法则"认为在实行固定汇率制的一体化的经济体系内,同时存在的不同货币的相对价值的变动会影响各自货币的使用程度。如果货币政策和金融系统无法尽快应对货币使用的波动,将会造成系统性的不稳定。

Calvo & Rodriguez(1977)研究了货币替代在浮动汇率制下对于真实汇率波动的影响。在此模型下,货币资产是唯一的国际间可以交易的资产,并且外汇收入只能通过经常账户盈余获得。本国货币供给的增加导致本国居民增加积累外币资产的需求,同时货币供给增加的结果使本国实际汇率下降。降低的实际汇率使本国产生更大的贸易顺差,进而满足外币持有的需求。因此,在此模型中,货币替代会增加本国实际汇率的波动。

货币替代的决定因素主要有以下六大类:规模因素、制度因素、本外币实际收益水平的差异、本币汇率的高估、金融市场一体化程度和国家风险(姜波克,1999)。

表1-2 货币替代的决定因素

决定因素	子因素	子因素变动与货币替代程度的相关性
制度性因素	(1)货币的可兑换程度	正相关
	(2)外汇市场的交易成本	反相关

市场因素	国内金融市场的完善	反相关
规模因素	(1)国民收入水平	正向
	(2)财富水平	正向
	(3)国际贸易规模	正向
收益率因素	本外币真实收益率之差	反向
汇率因素	本币汇率高估	正向
风险因素	政治风险,经济风险增加	正向

资料来源:姜波克《货币替代研究》,上海:复旦大学出版社(1999)总结

货币替代,尤其是通过很多对拉美国家货币与美元的汇率挂钩的观察,可以增加市场对本国货币稳定性的信心,但这种信心并不来自于对本国货币决策的信赖,而是替代货币对本国货币的"背书"。

在开放的资本市场的前提下,汇率的波动与资本的流动性和相关性非常显著。封闭的资本市场降低了金融资产的相对流动性,因此货币资产作为价值贮藏手段的要求更高。如果一国实行资本项目的管制并且发生高通货膨胀,则该国发生货币替代的需求将更加迫切。从货币管理的角度来看,资本账户的管制与货币替代的发生,或者资本账户的开放与汇率的不稳定都有其自身的弱点。中国尚未实现资本账户的开放,但是通货膨胀的控制较为有效,并为出现的大规模的货币替代。

1.2.2.2 贸易标价货币选择理论

该理论探讨在国际贸易中决定选择何种货币作为标价和结算货币,使得国际贸易的交易成本更小。格兰斯曼(1973)、Talvlas 和 Ozeki (1992)等人在开放经济下得出的结论如下:

第一,发达国家与发展中国家进行贸易时,一般以发达国家的货币作为结算货币。

第二,发达国家之间进行贸易时,贸易品的种类决定了选取何种货币进行结算,诸如石油、矿产品、大宗农产品等同质性强的产品贸易中,一般选用出口国货币为结算货币。

第三,国际货币在国际贸易中充当计价单位的时候,存在着出口国货币定价的倾向。

Swoboda(1999)提出在国际贸易中使用的工具货币通常是来自于国际贸易体量庞大的国家,该货币在外汇市场中的交易活跃,同时该货币所属的国家应该有发达的金融市场。同样从交易成本的角度考虑,Krugman(1980)也提出当两国进行贸易交易时,如果平均的交易成本随着贸易额的增大而递减,交易成本最低的货币将成为该贸易的计价货币,也就是说,一国的贸易体量越大,它的货币越容易称为国家贸易的计价货币。

Grassman(1973)研究了瑞典1968年后的进出口数据,发现66%的出口以瑞典克朗标价,而只有26%的进口以瑞典克朗标价。这种发达国家之间工业制造品的贸易主要以出口商货币定价的规律称之为"Grassman法则"(Grassman's Law)。

Mckinnon(1979)认为在国际贸易中,具有高度同质性的商品将通常使用统一的工具货币计价以保证交易的低成本和高效率。同时,具有高度差异性的商品,将倾向于使用出口国的货币计价。

Giovannini(1988)分析了一个垄断性的出口企业在面临汇率波动的不确定性和出于利润预期最大化的考虑时对贸易计价货币的选择。他认为计价货币的选择最终取决于利润函数的形状,此后的很多关于国际货币作为计价手段和交易媒介的研究,并没有沿用Giovannini的利润预期最大化的一般均衡理论的研究方法。

Friberg(1998)使用局部均衡理论解释了为什么美元在全球贸易计价中使用的比率在50%,而美国的货物贸易却只占全球的货物贸易的14%。他认为贸易计价货币的选择不仅仅取决于利润函数的形状,同时也取决于出口国汇率与第三国汇率和进口国汇率与第三国汇率波动的不确定程度。

Rey(2001)建立了一个由三国组成的一般均衡模型,从理论上解释了在国际贸易计价货币的选择中多重均衡的存在,即计价货币的选择是由两国贸易的紧密程度和交易成本的高低来决定的。她发现如果一个国家的经济开放度最高,并且该国的货币与其他货币交易成本最低时,该货币即成为贸易计价的选择货币。

Fukuda and Ono(2006)研究了"历史"及预期等在出口商标价货币选择中的作用,尤其是美元作为工具货币的广泛应用。他们首先构建了一个静态的三国垄断竞争模型,分析表明预期会对标价货币的选择产生重要影响,当企业竞争比较激烈的时候,这种预期存在"羊群效应",当某个出口企业预期其他出口企业会以某种工具货币定价,他也会跟随其他企业来使自己不偏离这些竞争者,然后他们将模型扩展到动态,利用动态纳什均衡分析方法,证明了"历史"也是标价货币选择的一个关键因素,尤其是在面对激烈竞争的时候,标价货币的选择往往显示出对"历史"的路径依赖和惯性的特征。

1.2.2.3 三元悖论

蒙代尔—弗莱明(M-F)在60年代提出了M-F模型。该模型的结论是:在经济开放、资本高度流动的经济体中,如果采用固定汇率制度,一国国际收支赤字将减少本国货币供给,一国国际货币收支盈余将增加本国货币供给;如果一国国际收支是平衡的,那么货币政策或者货币供给的任何变化均会导致外部失衡,这时若政府采用货币政策来纠正失衡是没有效果的。如果采用浮动汇率制度,则货币政策有效。

在此基础上,克鲁格曼(1999)提出了"三元悖论",即在开放经济中,一国不可能同时实现国内货币政策的独立性、汇率的稳定性和资本的自由流动三个目标,最多只能实现其中的两个。他用一个三角形来显示三者的关系,被称为"不可能三角"。"三元悖论"给金融制度提供了三种可选择方案:第一,牺牲汇率的稳定性,采用浮动汇率制度,而保持国内货币政策的独立性和资本的完全流动性;第二,牺牲资本的完全流动性,实行资本管制,从而保持本国货币政策的独立性和汇率稳定;第三,放弃本国货币政策的独立性从而维持资本的完全流动性和汇率的稳定性。

本理论为在资本市场开放的前提下,汇率市场化提供了理论基础。我国近年实行的使资本管制,以保持货币政策的独立性和汇率稳定,是金融制度安排中的第二种选择。目前,我国正在尝试渐进式地向资本的可自由流动、浮动汇率制及保持央行货币政策的独立性的制度安排过渡。

1.2.2.4 "特里芬"难题

上世纪60年代,罗伯特·特里芬教授在他的《美元与黄金危机》中提到,任何一个国家的货币如果充当国际货币,则必然在货币的币值稳定和向世界提供货币流动性方面处于两难境地:一方面随着世界经济的发展,各国对国际货币的需求增加,为了满足国际清偿能力(即国际储备),该国必须保持国际收支逆差,这就必然会带来该货币的贬值;另一方面,作为国际货币,为了保持各国对该国货币的信心,该国货币币值必须比较稳定,即意味着该国不能持续逆差。"特里芬"悖论是在布雷顿森林体系下,美元作为国际货币从战后初期的"美元荒"到70年代的"美元灾"的过程中所陷入的一种两难困境,其本质含义概括起来就是:国际清偿能力的需求不可能长久地依靠国际收支的逆差输出来满足。此外,若某一主权货币充当国际货币,该国的内外政策矛盾一定会影响其货币的稳定性。人民币在国际化的进程中,也不可避免地会陷入这种尴尬困境:作为中国经济持续增长主要引擎之一的出口,在未来很长一段时间内仍需保持强劲态势,而同时又要满足其他国家对人民币的必要外汇储备需求。为此,中国就需要扩大对外投资,实现贸易顺差资金向国际市场的有效输出。如果中国继续保持巨额贸易顺差,对外投资又相对不足,则势必会引起其他逆差国家人民币的短缺,导致对人民币需求过旺,使人民币面临持续升值的压力,反过来对中国的经济增长产生不利影响。

中国人民银行行长周小川(2009)在"国际货币体系改革"的讲话中明确指出"特里芬悖论"是引发2007—2008全球金融危机的根本原因。随着人民币国际化的深入,中国将同样需要向世界输出人民币流动性,以保证世界金融体系的运行,中国必须要通过国际收支顺差的削弱,甚至国际收支赤字来达到向世界输出人民币资产的流动性的目的。中国越是产生国际收支的赤字,持有人民币流动性资产的国家将越不愿意持有更多的人民币资产。目前中国多年的双顺差和大量的储备使中国在为周边国家和地区提供人民币资产时并没有面临以上问题的冲突。但是,在人民币实现充分国际化后,同样将难以逃脱特里芬悖论的冲突。

1.2.2.5 影响一国货币国际化的决定因素

通过目前从计量经济学领域对货币国际化的研究,一国货币国际化的因素大致可以归纳为以下几类。

第一类变量就是国家的经济、贸易和国际债权/债务情况。Chinn & Frankel(2007)指出,一国如果经济在全球产出、贸易和投资中占主导地位,将使该国的货币具有"天然的优势"。一国的经济体量(GDP)、贸易额和国际债权(债务)情况将决定该国货币是否被国际市场广泛接受和在交易中使用(Subramanian,2011)。

第二类变量是国际市场对该国货币的信心。拥有国际货币的国家,要向全球提供稳定的币值和充分的流动性。投资者希望该货币的币值稳定,并且该货币国经济不会出现大规模的通货膨胀。一国货币作为国际货币,在履行其计价职能时,应保持相对稳定的汇率波动水平。作为价值储藏手段时,币值应保持相对稳定,以保证贮藏价值不会随着大幅的通货膨胀而消失(Chinn & Frankel,2008)。

第三类变量是该国的金融市场的深度和广度。资产的流动性充足通常被认为是进行投资货币选择时的重要决定因素,而金融市场的发达程度是一个非常重要的市场资金流动性充足与否的决定性因素。Eichengreen & Flandreau(2010)通过计量模型证明了在美元取代英镑成为国际中心货币的过程中,金融市场的深度和发达程度是最重要的决定性因素。但对于衡量金融市场的深度和广度,目前还没有学术界一致认可的变量。Schularick & Tayler(2012)的研究报告中提出,金融市场的深度将采用该国银行资产量与该国 GDP 的比率来表示,这也与 Eichengreen & Flandreau(2008)所认为的由该国银行的资产负债表中的资产项来代表该国金融市场的深度相一致。

第四类变量即对现有国际货币使用所产生的网络外部性路径依赖和使用惯性。国际货币的网络外部性可以使该国货币的国际使用形成一种有效循环,即当一国货币被广泛用作国际贸易结算货币时,该货币即更容易在国际经济领域中,被用作投资货币、外汇市场中的交易货币、其他国家汇率选择的锚货币,甚至他国储备货币。这就同时为该国货币的使用带来了规模经济效应。这种网络外部性使得该期被广泛使用的国际货币,更具有下一期继续被使用的优势。一国货币成为国际货币的很多因素是内生的,但同时也受到严重的路径依赖的影响(Chinn & Frankel,2008)。

综上所述,对国际货币决定因素的计量研究,离不开以上四类因素。简而言之,可以用以下公式来说明:

Subramanian(2011)简化了对国际货币决定因素的变量研究,将决定因素只界定为(1)相对经济体量,这当中包含三个经济角度:产出、贸易和债权/债务情况;(2)国际货币的路径依赖。他同时选取了1900—2010年的110年的历史进行简单的回归分析。分析中仅仅使用了各时期的主要国际货币(1913年前的英镑、法国法郎、德国马克;1929—1958年的英镑和美元;1975—2000年的美元、法国法郎、德国马克、英镑和日元;2000年以后的美元、英镑、日元和欧元)。金融的深度和广度被忽略,是因为在110年的历史空间内,数据无法获取。通货膨胀率被忽略是因为国际货币国的通胀在长时间考察,各国的区别并不明显。这项研究,因为选取的标本仅限于已经成为国际货币的国家,所以得出的结论只能解释国际货币相对变化的决定因素,而不能解释一国货币试图成为国际货币的可能性因素。

这项实证的结果是:(1)一国国际货币的相对变化,与该国的GDP和国际贸易比重,在1%的置信水平有显著的正相关;(2)一国货币国际化程度的相对变化,与该国的债权状况,在10%的置信水平上,有显著的正相关。也就是说,债权状况对货币国际化的决定因素,没有 GDP 或贸易显著。(3)这三个经济变量,可以解释 70% 的一国货币的国际使用程度。

Chinn & Frankel(2007)得出的结论不尽相同,该文认为贸易是比 GDP 更加显著的货币国际化相对变化的决定因素。Chinn & Frankel(2007)认为,GDP 变量对于一国货币的国际化是显著的,但自变量系数是 Subramanian 得出结论的 1/4,更重要的是,Chinn & Frankel 认为贸易比重不是一个显著的决定因素。

Forbes(2012)也指出,与过去相比,在国际货币的选择问题上,国际金融市场中所经常使用的货币将比国际贸易和国际贸易信贷中所使用的货币占有更大的优势。这一点与 Chinn & Frankel 的观点相似。

Chitu,Eichengreen & Mehl(2012)通过对美元超越英镑成为国际中心货币的历史,利用各种决定因素的变量进行实证研究发现,美国金融市场的发展(深度和广度)是美元超越英镑的最重要原因。金融市场的发展对美元国际货币地位的影响,超过了经济体量、汇率政策和对英镑国际货币地位的路径依赖因素。

Chitu、Eichengreen & Mehl(2012)在对美元取代英镑的历史所做的计量研究中,选用了一国货币作为国际投资货币的市场占比的相对变化作为因变量,这不同于目前实证研究中多使用的一国货币在国际储备货币中的相对占比作为变量。计量分析的结果证实金融市场的发展(深度和广度)是美元超越英镑的最显著因素。金融市场的发展程度比经济体量因素更加重要。研究结论得出,路径依赖对一国货币的信心和经济体量都是显著的决定因素。但是在一年中,美国银行资产兑 GDP 比重每增加 10 个百分点,美元在国际货币使用中的占比就增加 3 个百分点。这与 Submaranian(2011)的认为经济体量因素为最重要因素的结论相左。但是两份报告得出的一致结论是,对于人民币的国际化,中国需要大力发展金融市场,开放资本账户和实现汇率市场化的改革。

中国学者邱崇明、刘郁葱(2010)从产业竞争力的角度分析了货币国际化的规律,认为一国产业竞争力对该国货币国际化具有决定性作用。韩强(1999)认为,人民币已经具备国际货币应该有的潜质。曹勇(2002)在对人民币国际化的成本和收益的分析中估算了人民币国际化后可以获得的铸币税收入。另外,由于日元和人民币的相似性,许多学者选择用日元的经验教训来对人民币的国际化道路进行分析。徐明棋(2005)通过对日元的国际化的经验教训进行分析,认为资本项目自由兑换、币值稳定、强大的经济实力和具有一定规模的健全的金融市场体系是人民币国际化的先决条件,并且分析了人民币走区域化道路的必然性。对于人民币的国际化道路,张宇燕(2008)认为拥有国际货币地位可以给货币发行国带来现实的铸币税和金融服务收入,而人民币应该选择亚洲货币合作机制来推行区域国际化的道路。而李稻葵(2008)认为,人民币如果走区域化道路可能受制于日元,故而人民币的国际化应该走"两轨制",即一方面在国内渐进的推进资本项目可兑换,一方面在境外(尤其是香港)发展离岸市场。

综合上述分析,尽管在四类货币国际化程度的决定性因素中,学者认为各类因素的显著性系数有所不同,但一致的意见是:一国广义上的庞大的经济体量(包括GDP、贸易额和国际债权额)是该国货币成为国际货币的重要决定性因素。据此分析,中国目前在世界经济体系中的地位,是人民币可以成为国际货币的重要决定因素。

同时,学者也一致认为,由于对现有国际货币的路径依赖,一国的货币获得国际货币的地位,应该是在该国经济成为全球重要经济体之后。对于这个滞后的时间到底是多久,只能从经济历史角度寻找类似的定性比较,很难作出定量的结论。

1.2.2.6 关于东亚货币区的综述

对于货币区域化的相关研究中,关于区域货币一体化部分最早的理论是由蒙代尔在20世纪60年代提出的最优货币区理论,其为区域货币一体化提供了理论依据。随后,国外学者对欧洲、美洲、非洲的货币一体化实践进行了研究。由于经济发展阶段等原因,在亚洲金融危机后才有学者较为系统地对于东亚货币合作进行研究。

Eichengreen 和 Bayoumi(1999)认为东亚有可能形成最优货币区。Hazel Yuen(2000)利用向量自回归模型,以需求和供给冲击反应一致性的角度为切入点,提出东亚部分国家适合建立次区域货币区,再由此发展到单一货币区。对于东亚汇率合作发面,主要有以下观点:Mckinnon(2000)提出东亚美元本位、Oh 和 Harrie(2006)提出建立亚洲汇率机制、Dornbusch 和 Park(1999)提出采取单一货币方案等。

对于东亚货币合作的路径,赵锡军(2007)等人认为应从推进此区域货币合作开始,逐步向单一货币区发展。颜华国等(2008)运用 Frankel-Rose 内生性假说,通过对东亚各国产出增长周期相关系数、物价波动相关系数以及贸易强度与相关系数之间的关系的研究,得出东亚货币合作存在内生性的结论。

谭庆华(2008)利用实证模型研究了东亚主要国家(中国、日本、韩国、新加坡、马来西亚、印度尼西亚、泰国、菲律宾)的经济冲击相关性,得出了当时整体上实行货币一体化的不可能结论,但可以分为东北亚子区域和东南亚子区域分别进行货币合作,再由此发展成大的货币合作区域。

众多学者对东亚区域货币合作需要稳定的"货币锚"为其他货币提供稳定器基本达成共识。王勇辉(2009)认为人民币主要与日元进行主导货币竞争。赵春明(2007)从本国经济发展情况、经济开放程度、货币区域内影响力、金融政策公信力、货币币值稳定性等多个方面讨论了人民币成为核心货币的可能性。

对于锚货币的判定方面,在最优货币区理论下利用 G-PPP 模型进行购买力评价检验是一种方法。在此方法指导下,Quah 和 Crowley(2012)采用此理论中的贸易开放程度、经济周期同步性、汇率波动、通货膨胀差异性和利率同步性五个标准对东亚经济体进行检验,得出了人民币作为区域货币锚的作用正在提升,但美元才是主要货币锚。

以计量模型为基础的量化研究方法同样是对锚货币效应检验的一种

方法,主要模型是以 Frankel 和 Wei(1994,2007)的模型为基础进行拓展。

Ito(2010)通过对 2005 年至 2008 年底亚太地区 11 个主要经济体的计量分析表明,"人民币区"已初具雏形,新加坡、马来西亚、中国台湾、印度和印度尼西亚五国表现出显著的"人民币本位"。王倩(2011)通过对东亚七个经济体进行计量研究,数据选取为 2010 年 6 月至 12 月的日度数据,结果表明人民币对马来西亚林吉特、新加坡元和韩元的影响显著。在之后,王倩(2012)又基于此问题,通过情景实验模拟出东亚各国货币在盯住美元、盯住 G3 货币、盯住 AMU、盯住 G3+1 等不同汇率制度下的贸易价钱名义有效汇率,在汇率协调的不同阶段,人民币都将发挥重要作用。Henning(2012)考虑了人民币盯住篮子货币的两个时期,以东亚八国为样本,得出了除印度尼西亚外,其余七个经济体均形成了松散的"人民币区"。Subramanian 和 Kessler(2012)对 52 个新兴市场进行研究,得出了除东亚以外对智利等国而言,人民币也是主要参考货币的结论。周阳(2011)在估计一篮子名义锚货币方法的基础上,引入了汇率市场压力(EMP)变量对传统的模型进行扩展,表明人民币汇率升值压力主要表现为外汇储备的增加,汇率本身以及利率也是调整我国汇率市场压力的重要方式。

除了认为人民币已有成为锚货币的趋势这种结论以外,也有另一种截然相反的结论存在,李晓(2009)采用 2005 年汇改后的日度数据进行分析,以东亚 6 国为研究对象的结果表明,人民币尚未成为东亚货币的真正锚货币。同样结论也来自于 Chow(2011),他以 2005 年 9 月至 2008 年 7 月东亚七个经济体的货币汇率周度数据分析,得出东亚并不存在"人民币本位"的现象。

值得一提的是,在现有研究文献中,对计量模型中的对比货币选择多为瑞士法郎等国家现实货币,尚未有如特别提款权类的综合性指标衡量方法,本文在计量模型构建数据处理中采用特别提款权作为对比项是一项实证创新。

1.2.2.7 最优货币区理论

针对理论界关于固定汇率与浮动汇率的优劣争论中,蒙代尔(Mundell)在1961年提出了最优货币区的概念。最优货币区理论是指在一个地理特定的区域使用同一货币以达到经济效率的最大化。货币区的实现通常是区域经济一体化的最后一个步骤。

蒙代尔(1961)认为实现最优货币区实现的条件包括：

1. 该区域内劳动力的自由流动。这包括劳动力自身的自由流动,文化上的趋同性和政府组织的趋同性(如区域内不同的社会保证基金可以在区域内自由转移)(蒙代尔,1963)。

2. 该区域资本的自由流动,价格及工资水平的灵活性。在此条件下,供求关系可以实现资本和商品在该区域内的有效配置。但麦金农(1963)认为,工资条件的绝对灵活性是不存在的。

3. 该区域内通过财政收入转移而实现的风险共享机制,以保证在前两个条件中受到损失的地区可以获得财政的资助。这通常是通过税收的资分配而补助相对欠发展的地区。这一点虽然在理论上被接受,但是在实施中会遇到政治上的阻碍。

4. 该区域内的各国经历相似的经济周期。当区域中的一国经历经济的繁荣或萧条时,区域内的其他国家应该经历同样的周期。这样可以使区域央行实行统一的货币政策以应对经济周期的变动。如区域内的各国经历各自不同的经济周期,区域央行的货币政策无法实现最优。

麦金农(1963)对最优货币区增加了新的定义,即保证充分就业率和平衡国际收支的同时,保证区域内部平均价格的稳定。这一定义使最优货币区理论在国际贸易理论的基础上,进入了货币理论的研究领域。

Kenen(1969)做出了类似的定义,认为一个货币区无论使用固定还是浮动汇率制,如果该区域可以在不损害充分就业的前提下实现国际收支的平衡,该区域就是最优货币区。同时提出,最优货币区如果可以使保证国际收支平衡的成本最小化,即是"最优"。Kenen(1969)建议将产品多样化作为最优货币区的特征,因为其可以减少不对称的系统性风险和降低其冲击。

20世纪90年代以来,最优货币区理论又增加了在一般均衡理论模型和微观经济学领域的讨论。Frankel(1999)在《单一货币区并非适用于所有国家和所有时间》中认为,国际贸易形态和国际经济周期之间的关联性是内生的,也就是说,贸易关系紧密的国家之间更容易有紧密相关的经济周期。他认为加入货币区,实行同一的货币政策和更加紧密的贸易联系,可以增加区域各国经济周期的对称性,从而更容易使该区域满足最优货币区的条件。所以,能够保证最优货币区实现的最好的手段,就是首先设立同一货币区。

1.2.2.8 "金融抑制"理论

1973年,美国斯坦福大学教授罗纳德·麦金农和爱德华·肖分别发表了金融发展的研究成果:《经济发展中的货币与资本》和《经济发展中的金融深化》。他们几乎同时提出了"金融深化"理论,两人都以发展中国家的金融问题作为研究对象,探讨和研究金融发展对发展中国家经济增长的作用,提出了制约发展中国家经济增长的原因是存在"金融抑制"。

金融抑制是指储蓄者获得低于通货膨胀率的收益,以保证银行可以向企业和政府提供低息贷款,以减少政府的偿债负担。超低的名义利率可以减少政府的偿债负担,同时,长期的负实际利率将逐年降低政府债务的价值。因此,金融抑制伴随着通货膨胀可以保证政府成功地偿还更少的债务。

理论上,一个经济体有高效运转的金融体系是可以通过有效的金融资产配置实现经济发展的。麦金农和肖认为,事实上,很多国家以发展中国家为主,会通过政府管制和干预,减少金融市场的自由竞争。金融抑制的存在导致储蓄和投资的收益都将低于完全竞争市场中的收益,因而储蓄和投资都将受到抑制。在这样的经济体中,金融机构无法实现金融中介职能的最大化,无法有效实现储蓄向投资的转化,进而影响经济的整体运行效率。

金融抑制的最主要目的是政府希望通过实行抑制性的金融举措来控制财政收支。由于金融抑制,政府可以不通过立法程序而获得资金注入,同时资金的成本将低于自由市场竞争情况下的资金成本。

金融抑制的手段通常包括:

1. 明确地或非明确地对利率设立上限,比如对存款利率或国债利率等;

2. 国内银行或金融机构的国有化或国家对金融机构的实际控股,以提高金融机构准入的障碍;

3. 银行高企的存款准备金率;

4. 通过强制要求银行持有国债以保证国债市场的稳定,或者减少银行可以持有其他投资种类的可能;

5. 金融机构准入的限制;

6. 定向对行业的资金注入;

7. 政府对于资本项下自由流动的限制。

金融抑制导致资本无法进行有效的配置、金融中介的成本升高及存款的低回报。从理论上来看,金融抑制限制了经济的发展,但这并不意味着采取金融抑制手段的国家应该马上取消金融抑制。很多发展中国家在金融市场自由化的同时,可能会受到外部资本突然进入或撤离的冲击,发生金融货币危机。金融市场自由化带来的对经济增长的长期正效应,不代表短期内不会使经济体经历剧烈的危机。由于金融市场的自身缺陷和信息的不对称性,取消所有金融管制,未必会立刻带来金融市场发展的最佳环境。

近年来,中国的经济增长得益于政府控制的存款低息和贷款的相对低息。金融抑制使得中国可以在一段时期得以依赖大量的存款来进行投资,以拉动经济发展。同时,中国的高存款率意味着中国的居民消费占 GDP 增长的比重低于世界主要经济体。

随着人民币国际化的深入,中国金融市场改革的步伐加快,中国政府仍然保持有管理的浮动汇率制和对利率的部分管制。为保证在资本项目逐步开放的过程中,减少发生国际资本的大量快速流动,保证国内通胀温和和对资产泡沫的有效控制,在这段历史时期内,人民币资产的名义利率可能进一步受到"金融抑制"。同时可以看到，2014年12月，中国人民银行将一年期存款利率下调至3.3%。同期通胀率为1.6%，真实利率已经高于其他主要经济体，"金融抑制"的程度也有所减轻。

1.2.2.9 货币危机理论

在货币危机理论的研究问题上，经济学界的观点可以划分为三代。

第一代模型是Krugman(1979)和Salant and Henderson(1978)的模型。这个模型集中研究国内经济环境的不合理(宏观经济基础的缺陷，汇率的不合理定价等)。

第二代模型分析投资者与政府之间的心理博弈所导致的多重均衡。在这个模型体系中，包括了Obstfell(1986)自我实现的货币危机模型和单纯的投机模型，例如Contagion Effects Models(Gerlach and Smets 2000) Eichengreen, Rose and Wyplosz (1997), Masson(1998), "羊群效应"模型(Calvo 1998), Mendoza(2000)。

第三代的经济学模型是根据微观经济学的基础分析推演出的三个结论：金融市场的低效率(James and Stoker 1994, Mishkin 1996)，银行体系的脆弱，如Chang and Velasco(1998), Mckinnon and Huw(1996), Kaminsky and Reinhart (1999); 公司的资产负债表和货币政策对货币危机的作用(Krugman 1999)。在第三代模型中，还有一种所谓的资本流入"突然终止"模型(sudden stop model)如Mandoza 2001, Hutchison and Noy(2004)，它是由羊群效应作为研究基础的，着重研究资本的突然撤离是没有预期性的事件。

第一代模型：

第一代模型是构建在国际收支失衡基础上的，强调货币危机是由于经济的不景气导致的，如过度宽松的财政政策和货币政策。货币单纯是由政府财政赤字创造的，相反，政府的赤字又是由超发货币来解决的。国内的超发货币一旦超出真实经济所需，无法全部被真实经济吸收，国家就会进而调整央行的外汇储备以保持汇率的稳定。这样，国家的外汇储备就会面临被清空的危险。这类事件可以导致国家经济的失衡，而不仅仅是一个经济的过渡性事件。如果一国外汇储备持续下降,市场力量将会怀疑该国保持汇率稳定的能力。在外汇储备低到一定程度时,市场力量会打击该国外汇储备,清空该国的外汇储备资产,进而使汇率急剧贬值。

第二代模型:

在1992—1993年的欧洲货币危机以后,用第一代模型已经无法解释货币危机形成的原因。大多数国家已经不再有财政政策和汇率政策失调的矛盾。同时,有些学者提出汇率的急剧贬值不单纯取决于国际外汇储备的清空,即使宏观经济没出现太大的危机,货币危机仍然可以出现。Obstfeld等学者开始摒弃国际收支平衡而导致货币危机这样一种说法,开始注重研究其他经济变量对货币危机的影响。模型提供的大多数解决方案对稳态经济都不适用,也就引出了投机泡沫、太阳黑子均衡(Sun Spot Equilibrium)、曲线行为等,进而引出了自我实现的货币危机模型。自我实现的货币危机模型包括两方面推论:政府是市场的活跃力量并希望效益最大化;经济政策并不是一成不变的,而是随着经济发展而变化的。汇率的推出政策是稳定的汇率的收益和成本之间的综合。例如,央行对稳定汇率的承诺取决于外汇储备的大小;央行对汇率的承诺越弱,投机者对汇率攻击的成功率就越高。另外,这是一个市场投机者与政府的博弈。市场可以创造对未来经济的预期,同时这些预期可以影响政府对未来经济政策的客观评估,这样,经济可以具有多重均衡点,从一个均衡点移到另一个均衡点,而不会引起经济基本面的变化。

第二代理论的另一种学派认为,危机可以是纯粹投机行为的结果,因羊群效应而加剧。在Obstfeld和Reisen的模型中,没有一个人是由于经济基本面的恶化而预测货币危机的发生,而多是由市场力量的期望值的改变而预测了货币危机的发生。因此,货币危机是纯粹对货币的投机行为所引发的。

第三代模型:

在上世纪90年代末,亚洲金融危机后,出现了第三代货币危机的模型。这类模型认为,微观经济中如果出现某些因素,可以导致货币危机的出现。这类模型着重研究微观经济的三大因素:银行系统的脆弱性(Mckinnon and Huw 1996, Chang and Velasco 1998, Kaminsky – Reinhart 1999),金融市场的非充分性(道德风险及信息的不完全对称性)(Stoker 1994, Mishkin 1996, Krugman 1998),企业的资产负债表和货币危机发生前及期间的国家货币政策效果(Krugman 1999)。

1.3 论文思路及框架

1.3.1 基本研究思路

本论文是建立在国际货币体系中,人民币所处的历史阶段与日元国际化时期的高度相似性这一前提背景下的研究。首先,论文需要定义的是中日从国家的内部经济结构、外部地缘环境及制度等非经济因素在不同历史时期的同一历史发展阶段的高度相似性。以之为前提,保证了本论文对中日货币国际化的比较研究,对中国人民币国际化是具有比较价值和有效性的。

基于对此前提的肯定,本论文将展开多层次、多方位的对日元国际化进程的反思以及对人民币国际化的判断和启示。

本论文首先将对日元与人民币的国际化发展历程做一回顾与概述,对日元国际化的进程以评价,并对人民币国际化目前所处的阶段和国际化程度以判断。

论文在随后的篇章中,从多角度、多方位分析对中日货币国际化进程进行比较分析。

首先,本论文从对货币国际化的决定性因素的分析中,探讨在日元国际化的过程中,具有决定性意义的各因素的动态结合及其为日元国际化所带来的影响。同时,通过对货币国际化的决定性因素的分析,推导今天各因素对人民币国际化将产生怎样的影响,并为人民币国际化作出实证预测。

其次,本论文将从国际货币的职能角度分析日元在履行国际货币职能方面的成功与不足以及其背后深刻的原因。同时,通过对人民币履行国际货币职能的分析,提出人民币在履行国际货币职能方面的建议。

再次,本论文将通过从技术操作层面、费市场性因素层面和战略层面,全面对日元国际化进程作出评价与反思。

最后,通过对日元国际化失败的教训的剖析和总结,对人民币的国际化进程提供政策性的建议和路径规划。

1.3.2 篇章结构安排

本文正文共分为八个章节。

1. 绪论
2. 日元国际化的历史进程回顾及人民币国际化的现状
3. 中日货币国际化的相似性与差异性
4. 货币国际化的决定因素与中日货币国际化进程
5. 国际货币的职能与中日货币国际化进程
6. 日元国际化进程受阻的评价
7. 日元国际化进程对人民币国际化的路径启示
8. 结论

1.3.3 创新之处

经济历史的演进与发展总有其内在的规律可循。本文着重从上世纪东亚崛起的两大经济体的货币崛起的过程,推演人民币国际化的未来路径。本论文共有三大创新之处:

1.3.3.1 研究视角创新

关于人民币国际化的多数研究中,多关注人民币国际化的进程与美元的比较。排除世界政治格局出现大的变化,人民币挑战美元的国际地位暂不具备现实的条件,也未必是当前人民币国际化的最优选择。我认为人民币国际化进程必然受到美元地位的威慑,这是无法避免的事实。但是这并不意味着人民币国际化需要单边直接挑战美元的地位、做这种人民币国际化一步到位、挑战美元霸权的对立式的分析,对人民币国际化分析的政治意义大于其经济意义。

本文从诸角度深度地分析日元与人民币的相似性,两国经济、政治、文化、外部环境、内部因素、地缘政治的相似性与差异性,创造人民币与日元的充分可比性,以及在高度相似性之余,试图为人民币的国际化寻找到一条更加成功的道路。

1.3.3.2 实证研究创新

第一个实证是根据一国货币成为国际货币的决定性因素对人民币的国际化程度作出预测,以人民币履行国际货币储备职能为研究变量,得出了在中国经济保持7%左右的增长速度等约束条件成立的条件下,人民币在2030年左右可能成为与美元并驾齐驱的国际货币的结论。另一个实证研究是针对实现亚洲货币区的可能性及其锚货币的选择,对人民币是否已经成为东亚地区锚货币的计量研究。实证结果证明在东亚地区,美元仍然占有锚货币最重要的地位,人民币显然已经超过日元在东亚区域的锚货币地位。这个实证分析的结果,不及2013年美国学者所提出的人民币已经成为亚洲地区实际意义上的锚货币的乐观推断。

中国学者关于人民币国际化路径的分析和研究,目前多停留于深化货币职能、金融市场配套改革以及国际化分步走的定性分析,目前以国际货币的决定因素为变量,对人民币国际化程度的研究不是很多,主要原因也是由于人民币从真正意义上的国际化才刚刚开始。本文试图在人民币国际化程度的定量分析领域中,进行一些新的探索。

关于亚洲锚货币的实证研究,在中国目前的学术界中新近开始出现。学术界目前对东亚货币区问题的研究,多停留在贸易、制造业、直接投资等直观的认知领域。人民币从2012年,在亚洲国家的储备货币中已崭露头角,人民币能否如德国马克作为欧元的"锚货币"一样,成为亚洲货币区的锚货币,成为了新的话题和挑战。通过对国际上关于区域锚货币问题的定量研究,本论文试图对亚洲区的锚货币进行一次剖析。

1.3.3.3 比较研究创新

东西方经济文明体系对世界货币格局演变具有深刻的影响。如前所述,伟大的国家创造伟大的货币。日元国际化在操作层面的很多失误,如贸易中对美元计价的依赖,资本输出中对美元有价证券资产的青睐,贬低汇率以刺激出口以致作为国际储备货币信用受损等,都为日元的国际地位打了折扣。但是,这都不是日元国际化进程停滞不前的最根本原因。日元国际化的失败,输在了成为以美元为核心的国际货币体系下,一个可有可无的货币装饰。

过去一个世纪的世界货币体系的演变与中心货币国家的替代,均是发生在西方世界的同盟内部的。当西方世界的一个国家与另一个国家发生经济和货币地位的转换时,会自觉地、一致地最小化对被替代国家及对世界经济和金融的冲击,尽量降低货币替代对被替代国家经济造成的成本。这些在美元对英镑的货币替代中显现无遗,甚至包括当时其他国家的央行一致对英国国债的购买以保持英镑币值的稳定。

日本、包括中国,都游离于西方经济体系的边缘地带,而在强大的西方经济体系的背后,是西方的经济价值观,中日的文明渊源是与其格格不入的。在日元国际化的过程中,甚至在人民币国际化的过程中,如果发生对美元的货币反替代,很难预测在两个大国之间,政府是否可以做到一致的行动,以保证两国在货币替代过程中的最小化冲击。

日本的经历告诉中国,急于融入以美元拥有全球主要能源资源计价权,美国输出世界绝大部分货币流动性,并且拥有独一无二的金融资产垄断权为标志的国际货币体系中,只能被淹没其中,难逃最终成为"套利货币"的命运。

本论文在最后的两个章节,试图超越在货币国际化研究中,停留于技术层面的分析和操作建议,从近百年世界货币史的沿革中,找到每一次一个伟大的国家和伟大的货币的诞生,都是极大的政治布局和战略远见先行的结果。东方经济体对西方经济体的经济和货币的替代,将是一次伟大的顶层设计和精彩的博弈的结果。

1.3.4 进一步的研究方向

全球政治秩序重组要求改写全球经济金融秩序。地缘政治对世界经济、金融及货币格局的颠覆性影响是不可忽视的。如果可以在本论文结束后,进一步研究世界货币体系问题的话,我将着重于研究地缘政治,尤其是今天复杂的国际地缘政治格局对目前的和未来的国际货币格局的影响。

2 日元国际化的回顾及人民币国际化的概况

日元国际化可以分为1984年前和1984年后。在上世纪80年代初期,尽管日元的国际化使用在日益加强,但日本国内的政治是反对日元国际化的,日本政府也最多是保持中立的态度。日本担心日元国际化会带来对日元的需求增加进而导致日元升值,对日本出口造成重大的影响。这与当年德国的心态相似,与今天中国的心态也是相似的。从1960—1973年,政府才开始允许外国人购买某些特定的日本资产,在1964年,才实现经常项目下的可兑换。日本央行于1976年和1977年,曾经两次干预日元升值,可见对于日本政府来说,日元国际化的目标并不及日本出口商的商业利益重要。1980年的外汇法才开始允许资本项下"最低限度的管制"以管理汇率及国际收支的平衡。1984年的日元—美元协议是一个标志性的事件。但是签订日元—美元协议对于日本来说,更重要的目的是满足美国的要求,恐惧一旦美国的要求无法满足,美国国会可能实行的贸易保护主义政策的结果对于日本来说会更糟糕。在该协议里,除取消了资本管制的限制,日元的国际化也给美国银行和金融机构在日本更多的优先条件。当日本政府开始积极推进日元国际化的时候却已经太晚了,日本经济已经开始衰退,国际货币最重要的决定因素之一,即该国的经济基础已经开始恶化。尽管在1987—1989三年,日本的资产泡沫已然破裂,日元的国际使用在上世纪80年代却仍然不断扩大。在1991年,日元在国际外汇储备中占有历史最高的份额9%。此后,美元开始取代一些日元在国际市场中的份额。在上世纪90年代,随着日本经济的低迷,日元国际化、缩减汇率风险和日本金融业企业的国际化,成为日本政府试图拯救日本经济的全面计划。1996年,日本首相宣布了金融自由化的全面改革方案。日元国际化成为政府本世纪的主要目标,但事实却越来越证明,日元国际化的努力失败了,日元的国际使用份额不断缩减。日元国际化的失败,从根本上,是日本真实经济体量下滑的结果。"到 2003 年,事实已经证明,如果没有日本经济的重振,单纯试图日元国际化,是无用的"(Tagaki,2011)。按照 Eichengreen 和 Flandreau(2010)的网络外部性理论,当一国的经济体量开始衰退后,该国的货币仍然可以被国际认可一段更长的时间。日元就是这样的例子。

中国的经济发展,同样在很大程度上依赖于出口经济。中国政府宣布的政策,很坚决地推进人民币的国际化和人民币在离岸市场的使用。中国政府决定,不论对制造商和出口贸易商的损失相对于金融业的收益孰重孰轻,政府都坚决推进人民币的国际化进程。中国在这点上没有像德国或日本一样,处于对本国出口贸易和制造业的竞争力的考虑,很被动地被推向了货币国际化的进程。从原则上,中国政策的坚决挑战了政治经济学的一些基本逻辑,即对本国经济的保护。在这点上,中国与美国是最相似的,中美的政治都是精英政治。中国的人民币国际化战略是政治精英们对中国未来的设计,这与美国当年 Jekyll Island 的猎鸭的六位华尔街的领袖精英,被 JP 摩根锁在他的书房,直到共同承诺金融稳定,并设计出了美联储设立的纲领这一事件非常像。中国的政治精英们认识到中国的出口战略已经不可成为可持续的发展战略,尤其在面临通货膨胀威胁和房地产市场价格膨胀的时期,必须要进行经济发展模式的转型,刺激内需,同时也看到金融市场进一步开放,消除"金融抑制",人民币升值等成为整个经济发展庞大战略的一部分。中国人民币的国际化,在 Frankel(2012)的眼中,可以与中国 30 几年前开始的特区模式的探索相提并论。

Subramanian(2011)作出预测,认为人民币可能在 2022 年左右挑战美元的地位。在过去几年,金融市场的改革已经取得了一些进展。人民币在 2010—2011 年,才刚刚开始发挥人民币作为国际货币的职能。2011 年,用国际债券市场的货币组成衡量,人民币排在世界第 21 位(在南非兰特和俄罗斯卢布之后)。用外汇交易市场转手率(foreign exchange market turnover)来衡量,人民币排在第 17 位(在俄罗斯卢布之后)。

人民币国际化之路已经迈出了积极的步伐,但是路途尚远。

2.1 日本经济及日元的世纪命运

日本自明治维新后成为资本主义国家。1882年10月,日本的中央银行——日本银行成立,这是亚洲国家中第一个按照英国模式设立的中央银行。1897年,日本开始实行金本位制,也是亚洲最早实施金本位制度的国家。二次世界大战中,日本经受了沉重的打击,1945—1955年,在美国的扶助下,日本开始展开了一系列的经济领域的改革,加上美国的"道奇计划"和朝鲜战争爆发所引发的巨大经济需求,为日本经济恢复提供了良好机遇。1955年后,日本政府制定了一系列的经济发展指导计划,从此进入高速发展时期。1955—1973年是日本经济高速发展的黄金时代,年平均经济增长率在9%以上。日本在1964年成为OECD成员国,并接受IMF的第八条款,实现了经常项目下的货币自由兑换。1967年,以美元计价的日本国内生产总值超过了英国和法国,1968年超过联邦德国,日本成为世界第二大经济体。1966—1970年这五年间,日本GDP年均增长率高达11.8%,是日本历史上持续时间最长的繁荣。1975年,日本的国内生产总值相当于美国的32.3%。在日本经济实力不断增强的过程中,日元的国际化一直没有被提上日程。1969—1971年,由于严重的通货膨胀,日本政府实施了金融紧缩政策,但是政策的效果却适得其反,进一步扩大了贸易顺差。日美在贸易摩擦进一步加大的情况下,贸易谈判陷入了僵局。1971年,日美的贸易谈判改为了"货币谈判"。1971年12月,旨在挽救布雷顿森林体系的"史密森协定"签订后,日元被迫对美元大幅度升值,由1美元对360日元调整到1美元兑306日元。1973年初,布雷顿森林体系崩溃后,日元开始正式进入国际货币体系,成为国际外汇市场上被追逐的重要国际货币之一。1977年,日元在纽约外汇市场交易额中的比重为5%,到1983年已占至25.2%。在2011年,日元在纽约外汇交易市场额中约占12%,日元国际化经历了一个与日本经济同样的在前进中倒退的命运。

2.1.1 日元的国际化进程的四大阶段

2.1.1.1 二战结束至20世纪70年代末:国际化初级阶段

经济发展情况:经过战后的恢复时期和高速增长时期,日本经济取得了举世瞩目的成就。1955年至1973年,其国民生产总值年均增长9.8%,并于1968年成为世界第二大经济体。日本经济的高速增长是在低通胀和低失业率的前提下取得的。日本经济增长的同时还伴随着产业结构由劳动密集型向资本密集型的转变,重化工业的发展强化了日本的贸易竞争力。

金融发展情况:二战后的日本资金短缺,为促进经济增长,维持信用秩序,日本政府一方面通过国内国际各种渠道筹措资金,另一方面对国内金融采取了严格的限制措施,从而形成了具有日本特色的金融制度与金融体系。主要特征为:(1) 政府主导的金融制度。金融当局对金融行业的新入者进行严格的审核,对金融业务实行细致的分业管理,确保金融业的稳定;(2)间接金融为主的金融结构。资金由参与部门向短缺部门的流动经由银行间接实施;(3)内外分离的金融市场。日本在经济高速增长时期,为保证国内资金的充分运用,防止资本外流,避免海外金融市场的干扰,对国内金融市场和海外金融市场实行市场分割制度,对国内外之间的金融交易实行限制和管理。

进入20世纪70年代,随着布雷顿森林体系的瓦解,国际货币体系进入了浮动汇率时代。国际市场对日元的需求与日俱增,日本开始关注日元的国际地位问题,但日本政府对待日元国际化的立场相对比较谨慎。

2.1.1.2 20世纪80年代:国际化高速发展阶段

1980年,日元实现资本项目下可兑换,加速了日元的国际化进程。随着日元的升值,美国对日本的贸易逆差非但没有减少反而在逐年增加。1985年9月22日,美、日、德、英、法五国在纽约签署了旨在推动其他国家货币对美元升值的"广场协议"。广场协议后,日元对美元汇率大幅波动。多年贸易顺差和不断出现的贸易摩擦,使国际社会纷纷呼吁日元升值。因日本国内金融体系调整以及金融市场的健全性无法适应日元的急剧升值,日本经济又进入了一个大幅波动时期。日元对美元汇率多次变动超过10%。

上世纪80年代,美国经常收支特别是对日收支出现大幅逆差,美日贸易摩擦加剧。美国将日本的顺差归结为其市场的封闭和日元的低估,认为日元汇率不是通过市场形成的均衡汇率,存在人为低估。美国在要求日本开放商品市场的同时,还要求日本开放金融和资本市场。1984年5月,"日元—美元委员会"就日本金融、资本市场自由化、日元国际化以及外国金融机构进入日本金融资本市场等问题达成了一致意见,发表了《日元—美元委员会报告书》。日本大藏省承诺采取以下四个方面的措施:(1)金融资本市场自由化;(2)日本金融市场的外国金融机构准入;(3)发展欧洲日元市场;(4)促进对日本直接投资。该措施被视为日元国际化真正开始的标志。

1985年,日本签订广场协议,日元兑美元汇率被迫升值,由1美元=200-240日元上升到1美元=100-120日元。从此,日本经济进入了一个大调整时期。

这一阶段日元国际化的特征:

对外贸易中的日元。在出口贸易中,日元交易占比呈现出一定程度的波动,但总体上,美元计价的下行趋势更为明显。由于出口贸易的急剧扩张,尽管出口中的日元计价交易比例下降,日元交易依然呈上升趋势。同时,日本扩大进口本币交易的难度要大于扩大出口交易本币的使用。

国际金融市场中的日元。日元在欧洲货币市的场存款余额,国际债券市场份额,国际间的银行贷款占比总体呈现先升后降的趋势。尽管日本的金融自由化是为了解决日元低估,缩减美日贸易逆差问题而被迫执行的,但是却在事实上促进了日元国际化的进程。

2.1.1.3 20世纪90年代:国际化衰退阶段

"广场协议"之后,日元开始急剧升值,日本经济进入"日元升值萧条"。从1986年末开始,日本进入持续50个月的"平成景气"时期。"平城景气"期间,日本一般物价水平都比较平稳,但是股票、地产等"资本品"价格急剧上升,这种"泡沫"性质的经济繁荣在1990年末至1991年初出现反转,股市暴跌,房地产企业、生产型企业纷纷倒闭,银行等金融机构产生巨额不良债权。对国外投资者来说,持有日元资产的风险也变得越来越不确定。日元汇率的波动又降低了日元作为资本的吸引力,同时抑制了出口增长,在这种局面下,扩大贸易中日元交易比重也变得更为困难。

这一阶段日元国际化的特征:

日元交易地位下降。1990—1997年,日元在欧洲货币市场的交易份额在4%—6%之间,只有德国马克的1/3左右。在欧洲债券市场上的份额也由20世纪90年代初的12%—17%之间降到了90年代末的4%。

外汇交易增长乏力。1998年伦敦外汇市场规模是1989年的3.46倍,纽约、新加坡、中国香港的对应倍数分别是3.05、2.52、1.76倍,而东京外汇市场的交易规模在这段时间内只增长了1.60倍。

外汇储备比例减少。1991年世界外汇储备中,日元占8.5%,而到了2000年,这一比例只剩下5.3%,其中发达国家外汇储备中,日元占比从9.7%降到6.5%。发展中国家外汇储备中日元占比从6.7%降到4.7%。

综合国内外经济形式的变化,日本政府于1996年提出"金融体系改革计划",欲对国内缺乏效率的金融系统进行彻底改革。1998年,日本开始全面推进金融改革,在金融领域引入竞争机制,改变传统的金融保护政策,实现金融机构的改革和重组。亚洲金融危机后,日本政府提出建立东亚共同货币——亚元,尝试建立清迈协议下的货币互换机制,以期谋求日元在亚洲的主导地位,甚至提出日元集团的口号,并希望能够借此契机,推动国内金融体制改革和经济结构调整。

2.1.1.4 世纪之交:日元国际化问题的反思与再定位

在1992—2002的10年间,日本经济一直停滞不前。1993—2003年的GDP平均增速为1%左右。从1998年起,日本的通货膨胀率一直为负。通货紧缩使得日本在2003年的物价水平比1997年还要低3%。同期,美国的CPI增加了12%。日本从1997—2003年,名义GDP缩减了4%,同期美国的名义GDP增加了25%。

世纪之交,日本官方研究机构对日元国际化问题再次进行了深入探讨。1998年11月,日本大藏省外汇等审议会发表《关于日元国际化——中间论点整理》,1999年4月发表《面向21世纪的日元国际化——世界的经济金融形势变化与日本的应对》,日本大藏省专门于1999年9月设立了"日元国际化推进研究会",2000年6月公布《中间论点整理》,2001年6月公布《报告书》。上述文件针对东亚金融危机和欧元启动两个背景,从世界、亚洲、日本三个角度论证日元国际化的重要性,对日元在东亚地区发挥更大作用寄予希望。

2000年4月,在东京召开的"亚洲资本市场改革"的论坛上,时任日本财政部长黑田东彦在讲话中提出"日元虽难以(在国际货币体系中)承担与美元、欧元相同的作用,在亚洲地区,在考虑共同货币之前,有可能采用日元、欧元、美元组成的货币篮制度"。菊地悠二(2002)指出,以日元代替美元成为亚洲货币不现实,因此可以利用美元、欧元、日元三种货币组建货币篮子在亚洲地区形成"最优复数货币区"(亚洲"小三级"),在亚洲实现"小三级"后,在向全球三极发展。

Kawai和Akiyama(2000)指出亚洲各国应该实行更为弹性的汇率制度,采用日元、欧元在其中发挥更大作用的货币篮制度。随着区域内贸易、投资的相互依存关系的提高,东亚区域各国为避免汇率的大幅波动,采用货币篮制度更为有益。关世雄(2003)指出日元国际化问题在1999年之后由国际视角转向区域视角,提出在亚洲建立日元区或者由日本主导的共同货币方案。

2.1.2 日元国际化与本国金融市场改革并行

2.1.2.1 资本项目的开放

1980年的外汇与贸易管制法具有鲜明的改革意义。它规定除特别禁止的项目外,资本项目的流动都是自由的。但是,在实施过程中,还是有大量的条文和申请的规定。1984年5月,日元—美元委员会发表了《金融和资本市场开放的现状和前景,与日元的国际化》一文,进一步确定了资本市场的改革方向。

自1984年起,国际日元交易逐步开放,包括:(1)从1984年12月,除非居民、国际组织和外国政府之外,允许非日本企业(有"A"以上的债务评级,并满足一定的财务保准)在日本发行欧洲日元债券;(2)1985年

4月,非国内(企业)发行欧洲日元债券不再需要财务最低标准,同时允许三家日本银行成为规定的债务评级机构;(3)同月,非居民获得的居民发行的欧洲日元债券的利息,可以废除预扣税;(4)1985年6月,外国银行可以在日本发行欧洲日元债券;(5)1987年11月,非居民可以在日本发行欧洲日元商业票据;(6)1989年5月,欧洲日元对居民的贷款条件放松了。

与此同时,日本的日元债券市场很小,非居民对日元债券的使用仍然受到限制。另一方面,居民仍然无法持有欧洲日元存款或购买欧洲日元大额存款。

总之,日本资本市场的开放,是先从资本流入的开放开始的,随后是资本流出的开放。

2.1.2.2 国内市场的改革

国际交易的进一步放开,同时要求日本进一步开放国内的金融市场。这些金融市场改革的主要目的是:(1)更多的国内金融产品以市场利率定价;(2)放松对国内金融体系的管制,鼓励国外金融机构参与日本的金融市场;(3)加强银行系统的监管。

这当中有几项比较重要的改革举措:(1)1985年6月,设立了以日本计价的银行票据承兑市场(1—6月期);(2)1985年6月,日本政府可以发行短期国债,并在1986年开始在公开市场拍卖;(3)1987年11月,设立了商业票据市场,主要用于非金融机构的短期融资;(4)对外国金融机构开放市场准入;(5)1989—1990年间,开设并鼓励金融期货交易,包括日元—美元、欧元—日元的外汇期货市场,欧洲美元利率、股指、美国国债的期货市场等。

以上的国内金融市场的改革,鼓励了日元的国际化使用,但是仍然存在一些问题:(1)银行票据承兑市场规模很小,并进一步地缩小,主要原因是归于使用程序的复杂性;(2)美国国库券市场也很小,使用不便利;(3)国外金融机构虽然获得了准入,但对市场的占有度很小;(4)短期货币市场仍然有一部分是受到政府利率的管制的。在1991年末,只有2/3的银行票据市场的利率是由市场决定的。

2.1.2.3 离岸市场的建立

在日元—美元委员会的报告公布之后,为了进一步推进日元的国际化,日元—美元委员会进一步提议在东京设立离岸金融市场。离岸市场可以吸收非居民的储蓄,不同于国内银行吸收居民储蓄,离岸银行不需要履行银行准备金的要求和其他对居民吸储要接受的限制。设立离岸市场的原因是取消对非居民交易的限制,以增加日元在国际市场上的使用,而不影响对国内银行的监管(Rosenbluth,1989)。同时,东京已成为"世界日元交易中心"(Suzuki,1987)。

日本银行在东京离岸市场交易的成本要低于在海外设立分行,从而通过增加欧洲日元的交易,以提高日本银行的利润(Suzuki,1987)。东京离岸市场的设立,鼓励了日元计价的金融资产的全球供给和需求(Frankel,1984)。东京离岸市场在1986年12月建立,并持续快速增长。在1990年末,市场的交易额达到了4000亿美元,可以与当时的香港和新加坡的离岸市场相提并论。但当时的东京离岸市场,仍然有一些交易限制,如个人不允许参与,不允许股票交易等(Osugi,1990)。

2.1.3 日本金融市场改革的逻辑

第一,日本经常项目开放是在固定汇率制阶段就开始实行并完成。

第二,资本项目开放同样在固定汇率制阶段开始,但前后经历了近40年的时间,才完成资本项目的完全开放。

第三,日本共经历三个阶段的利率市场化改革:1971年以前为固定汇率制;1971年开始变为有管理的浮动汇率制,与今天中国所处的阶段大体相同,"有管理的"主要体现为资本项目并没有完全开放;1980年,日本进一步实现资本项目自由化,并于1990年后实现了自由浮动汇率制。

第四,从总体顺序上看,经常项目、资本项目和金融体系三者之间的开放顺序是先开放经常项目,后开放资本项目,最后开放金融市场,但是三者的开放并非是完全割裂的,而是相互重叠式发展的。

第五,日本的资本项目开放主要的措施集中在1965—1975年,这一时间段也是日本的汇率制度从固定汇率制调整为浮动汇率制的过程。

但是在浮动汇率制实施之后，日本金融市场的发展和资本项目的开放并没有完成，而是采取了逐步渐进式的放开战略，以保证央行可以采取有效措施控制汇率波动过程中出现的意外冲击造成的影响。

第六，利率的市场化是在实现了浮动汇率制之后才开始的。利率市场化改革之前，日本主要的措施是引入各种货币市场产品，以促进货币市场的发展。当货币市场的流动性上升后，开始进行利率市场化的改革。在这个过程中，日本首先令定期存款利率自由化，然后是活期存款利率，但储蓄的贷款利率在2000年前都没有自由化，说明日本政府对金融市场一直保持着渐进式放开及一定程度的管制。

2.1.4 日本金融市场改革的借鉴

第一，日本的汇率市场化与资本项目的开放，是交错式的逐渐开放的模式，在此间实现了平稳的过渡。日本在实现了浮动汇率制后，仍然保持了一段时间的资本项目管制，然后逐步开放资本项目，直至1998年完全开放。在改革汇率制度和资本管制时，是先放宽汇率波动区间，同时保持资本项目管制的逐步开放。

第二，日本资本市场开放的顺序是先开放经常项目，后开放资本项目，最后开放金融市场。其中，资本项目的开放过程中采取的顺序是先资本流入，后资本流出。各个部分的开放也是交错重叠的，以保证稳定。

第三，在开放资本流入过程中，日本首先开放了外商直接投资。随后，日本开始逐步允许国外资本自由投资国内各行业。在行业对外开放的过程中，日本分成五层自由化阶段，以减少开放过快产生的风险。对内间接投资则是首先允许国内机构进行国外借款，其次在国外发行债券，最后允许国内企业在国外发行股票。在这三种融资方式中，对外借款的风险最小，股票风险最大。这种逐步开放的方式，可以逐步地暴露风险，有助于企业的逐步深入。总体上来说，在资本流入方面，先吸引外商直接投资，然后允许国内企业国外借款，发行债券和股票，在资本项目开放期间实现了国外资本对内直接投资自由化。

第四，资本项目自由流出的开放时间要晚于资本项目自由流入的。同样是首先开放对外直接投资，然后允许间接投资的资本流出。在间接投资中，先允许非居民在日本境内发行债券，然后允许国内企业进行国外间接投资。在开放国外间接投资过程中,日本开放的顺序是先开放债券信托机构的国外投资,再开放一般金融机构和个人投资者的对外证券投资,最后实现证券公司的对外开放,主要的原则也是风险由小到大。

第五,日本国内行业的对外开放实现的时间较短。由于日本的产业结构和企业竞争力较好,对外开放对日本企业的影响较小。但日本并没有同时开放所有行业,而是通过对行业的国际竞争力进行评估实现逐步对外开放。竞争力较差的行业要加快发展速度,通过评估,促进了国内行业的加速发展。

第六,日本的资本项目在开放过程中,比较显著的特点是非居民自由日元账户的建立。这一创新促进了日本对外贸易中日元使用范围的扩大,同时成为首次吸引短期国外资本的尝试。另一特点是授权外汇兑换银行管理外汇,授权外汇兑换银行在追踪国外交易并检查合法性的过程中起到了重要作用。同时,授权外汇兑换银行还采取措施控制短期资本流动的影响。

第七,在金融市场改革过程中,日本首先在资本项目和金融对外开放之前做好各种金融工具的开发,提高市场的流动性和基础设施的完备性。为促进利率的市场化,日本逐步发展回购市场和银行间的拆借市场。

2.2 人民币国际化的概况

人民币国际化最终是中国近年来实体经济、贸易不断扩大的结果(成思危,2013)。中国作为最大的发展中国家,经济总量已占到世界的12%(GDP),贸易额已跃居全球第一,贡献了全球1/4的经济增长。随着经济全球化的演进和区域一体化的扩展,各种生产要素在全球范围内的流通日益便捷,全球实体经济的资源配置不断优化。这就要求与实体经济相对应的虚拟经济进一步全球化,其首先要求的就是实现金融市场的国际化。为此,中国目前必须进一步深化人民币汇率制度的改革,实现人民币资本项下的自由兑换,逐步开放资本项目,推进人民币的国际化。

2.2.1 人民币国际化的背景

第一,中国在改革开放以后,贸易一直在经济增长中占有重要地位,对外贸易的依存度(进出口额占国内生产总值的比例)不断提高,从1978年的9.7%增长到2012年的47%(2006年最高曾达到67%)。贸易严重依赖的中国经济,使得汇率的波动对中国进出口产品的价格影响很大,从而影响对外贸易的业绩和结构,甚至影响中国经济增长。

第二,中国具有大量的较低成本自由劳动力,物价相对较低等优势,贸易顺差近年不断增加,从1978年的11.4亿美元增至2012年的2311亿美元。中国的进出口长期失衡,导致中国庞大的外汇储备、贸易摩擦增加和人民币升值的庞大压力。

第三,随着中国经济的迅速增长,市场潜力巨大,基础设施不断改善,对外资的吸引力日益增强。非金融类外资的引进从1985年的19.56亿美元增至2012年的1117亿美元。随着世界各大跨国公司长期进入中国市场,人民币的汇率影响着跨国公司的投资融资决策。

第四,中国长期的贸易顺差和由于经济增长所带来的长期海外投资的流入,造成中国资本项目和经常项目的持续顺差,外汇储备迅速增加,从1978年底的1.67亿美元增至2012年年底的33116亿美元。巨额的外汇储备可以为中国提供抗拒货币危机、突然间资本撤离的风险,但同时庞大的外汇储备,造成大量国家资金的低效配置和运用,投资机会有限,大量的美元储备又进一步造成了对美元的依赖。

第五,近年来,中国企业对外投资成长迅速,2012年非金融类对外直接投资额高达772亿美元,比2011年增长28.6%,因此对人民币汇率及外汇管理制度都造成了庞大的压力。

第六,中国的人均GDP不断增长,中国居民购买进口商品的数量和出国旅游的次数不断增多。2012年,中国居民的出境旅游次数达到9800万次有余。货币的国际化可以直接影响到人民币的国际购买力和便利性,进而影响中国居民的消费行为和消费结构。

2.2.2 人民币国际化的五个发展环节

2014年9月末,SWIFT最新的人民币追踪数据显示,全球人民币结算额在过去两年中实现了两倍的增长。另外,使用人民币向中国大陆及香港地区付款的金融机构增加了35%,全球1/3的金融机构正在积极使用人民币作为中国大陆及香港地区的结算货币。

2.2.2.1 人民币作为贸易结算货币

2009 年 7 月,中国与东盟达成了使用人民币结算的试点方案。此前与中国香港、澳门及中国大陆的五个城市:上海、广州、深圳、东莞及珠海展开人民币的结算业务。2010 年中,人民币贸易结算业务扩展到了国内 20 省市。此后,人民币的结算业务在全国展开,从事实上,中国所有的国际贸易目前都可以使用人民币作为结算货币。

人民币的国际结算业务发展迅速。在 2010 年中,人民币的国际贸易只有 1% 是使用人民币结算的。在 2013 年中,人民币的结算业务增加到了国际贸易总额的 16.5%。人民币跨境贸易结算从 2009 年开始至今,80% 以上的贸易结算是在与香港的贸易中使用的。

人民币国际支付全球排名已由 2010 年年末的第 35 名上升到 2014 年的第 7 名。更有预测认为,可能在 2015 年,人民币将会超过日元,成为继美元、欧元、英镑后的第 4 大全球支付货币。所以,尽管人民币支付在全球的比重仍然较小,但还是取得了一定的进展。

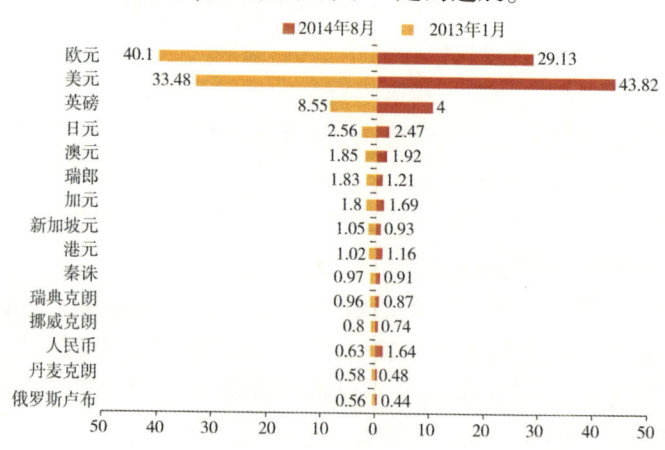

货币	2014年8月	2013年1月
欧元	40.1	29.13
美元	33.48	43.82
英镑	8.55	4
日元	2.56	2.47
澳元	1.85	1.92
瑞郎	1.83	1.21
加元	1.8	1.69
新加坡元	1.05	0.93
港元	1.02	1.16
泰铢	0.97	0.91
瑞典克朗	0.96	0.87
挪威克朗	0.8	0.74
人民币	0.63	1.64
丹麦克朗	0.58	0.48
俄罗斯卢布	0.56	0.44

资料来源:SWIFT

图 2-1 国际支付货币排名

2.2.2.2 人民币作为投资货币

(1)人民币计价的境内外直接投资

中国近年来对于境内外直接投资的限制在不断放宽。2011 年 1 月,《境外直接投资人民币结算试点管理办法》规定,境内机构可以用人民币直接进行海外投资,并将所得利润以人民币的形式汇回国内。同年10月,《外商直接投资人民币结算管理办法》的颁布,允许境外投资者以合法获得的境外人民币来华开展直接投资活动。2012年初,以人民币计价和结算的境内外直接投资占中国境内外直接投资的30%左右,在2013年的第三季度,份额已经占到中国对内外直接投资总额的55%左右。

(2)人民币计价的银行间债券市场

对于以人民币计价进行境外有价证券和金融资产类投资的管制,目前是最严格的。自2006年4月起,获准的机构投资者可以在香港的离岸市场以人民币计价进行金融证券类投资。2010年10月,外国央行及特殊类别的海外金融机构可以在中国境内投资银行间债券市场。2011年12月,RQFII的出现,开始准许境外合格机构投资者(其中包括境外央行)按照特定的配额,在中国境内的银行间债券市场和股票市场进行投资。到2014年9月,RQFII的份额在逐年扩大。2012年4月,中国国内的非金融机构可以开始在香港发行人民币债券。

2.2.2.3 人民币计价的离岸债券发行

2007年,中国政府开始在香港尝试发行人民币点心债券。点心债的规模虽然不大,但是直到2010年8月,麦当劳公司成为第一家在香港发行人民币点心债的外国非金融企业,香港离岸人民币债券市场才开始获得的国际社会的广泛认可。人民币点心债从2010年的9亿美金,增加到2013年11月底的97亿美金,而且势头不减。人民币点心债大部分仍由国内的金融机构发行。

2.2.2.4 人民币的货币互换和外汇直接交易

从2008年底,中国政府开始与多国签订双边人民币货币互换协议,以期为对方国提供人民币的流动性,以鼓励该国银行和企业扩大人民币的使用。韩国在2008年12月,签署了金额为1800亿人民币的双边互换协议,成为与中国签署货币互换协议的第一个国家。到目前为止,共有25个国家或地区与我国签署了双边货币互换协议。

本币结算是指用本国货币进行企业、事业、机关等单位之间因商品交易、劳务供应或资金调拨等原因所发生的货币收、付业务的清算。我国已与越南、蒙古、老挝、尼泊尔、俄罗斯、吉尔吉斯、朝鲜、哈萨克斯坦和俄罗斯的中央银行签署了有关边境贸易本币结算的协定。

同时,中国央行也于近期频频在亚太、欧洲国家和地区设立人民币清算行,增加银行间市场的人民币流量。从下表可以看到,2014年迄今为止,中国央行就已签署设立于欧洲和东亚的8个清算行,发展速度可观。

从2010年起,人民币也开始尝试与非美元的主权货币进行直接交易,减少美元作为中间交易货币的步骤。中国目前与马来西亚(2010年8月)、俄罗斯(2010年10月)、日本(2011年12月)、澳大利亚(2013年4月)及新加坡(2014年10月)均签署了双边货币的直接交易协议。

2.2.2.5 人民币作为储备货币

目前有部分与中国贸易往来密切的国家,将人民币纳入了自己的外汇储备当中。据称,马来西亚、韩国、柬埔寨、白俄罗斯、俄罗斯和斐济等国已经将人民币作为其外汇储备的一部分。2013年3月,日本财务大臣安住淳宣布,中国政府已经批准日本政府购买650亿元人民币额度的国债,这表明人民币首次进入发达国家的外汇储备。

2012年以来,韩国、尼日利亚和沙特阿拉伯等国的央行已经宣布或计划提高人民币在其外汇储备中的比重。出于对美元长期走势的担心,央行和国际投资者都在寻找替代性资产,一些国家希望通过配置人民币资产来实现外汇储备多元化。

2012年7月,国家开发银行发行了25亿元人民币计价债券。其中15亿元3年期债券中,有58%被少数几家中央银行认购。据称,非洲、中东和欧洲国家的部分央行认购了这批主权债券。

2.2.3 与人民币国际化相关的金融改革

Subramanian(2011)作出预测,认为人民币可能在2022年左右挑战美元的地位。但是他在实证中,忽略了金融市场的深度和广度这个重要的国际货币决定变量。中国在金融市场的改革方面还有很多工作要做,目前也没有明确的时间表,也就是说,目前人民币还不具备成为国际货币的庞大的国内金融市场的支撑。

在过去几年,金融市场的改革虽然已经取得了很大进展,同时,需要做的工作仍然很多,包括中国的金融市场仍然没有开放;资本项下跨境资本流动仍存在大量限制,在华的外国企业仍然不能借款。香港的人民币债券和储蓄,相对于中国的人民币债券和储蓄额仍然只是很小的一部分;中国的国内资本市场还尚不成熟,且资本市场仍然受到严重管制;中国金融系统仍然存在"金融抑制"。

人民币在2010—2011年,才刚刚开始发挥人民币作为国际货币的职能。2011年,用国际债券市场的货币组成衡量,人民币排在世界第21位(在南非兰特和俄罗斯卢布之后)。用外汇交易市场转手率(foreign exchange market turnover)来衡量,人民币排在第17位(在俄罗斯卢布之后)。

与人民币国际化相并行的金融市场改革,主要存在以下特征:

2.2.3.1 汇率市场化改革

(1) 尚未摆脱美元的困扰

中国政府自2005年"汇改"以后,开始实施盯住一篮子货币制度,到2008年7月人民币累计上涨21%,但自2008年7月金融危机爆发后,人民币的汇率又回到了事实上的"盯住美元制",直到2010年6月19日,中国人民银行决定进一步推进人民币汇率形成机制改革增强人民币汇率弹性,之后人民币开始不断升值。中国政府在次贷危机爆发后又施行了"盯住美元制",对于中国出口企业来说,人民币对美元汇率实际上近似于当年日本推行的对出口标价货币汇率。

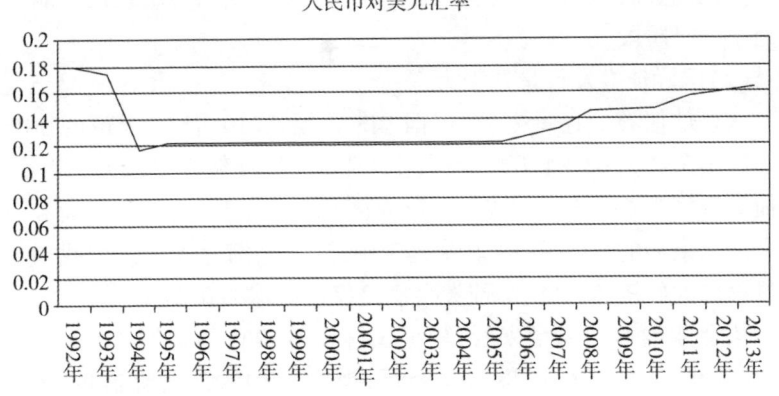

人民币对美元汇率

数据来源:国家统计局

图 2-2 人民币兑美元汇率

(2) 黑市汇率成为境外人民币兑换的决定汇率

在人民币汇率尚未完全市场化的情况下,人民币在境外的汇率通常是由周边国家或地区的地摊银行决定的,该汇率基本是以黑市交叉汇率为依据。以越南为例,在越南北部地区,人民币已经成为当地居民接受的自由流通货币,这首先与地摊银行的发展不无关系,但是这种汇率的决定机制却阻碍了人民币流通范围的进一步扩大。在越南,每个人民币兑换点的汇率都不像银行网点一样采取统一的报价方式,人民币对越南盾的汇率在地域上差别很大;边境地区人民币兑换越南盾的价格最高,而越往南部价格越低,这就造成了持有人民币的越南居民或到越南投资的商人都会尽量在边境地区将人民币兑换成越南盾,从而阻碍了人民币流通范围的进一步扩大。

2.2.3.2 资本市场改革

(1)股票市场声势大,内容少

根据世界交易所联合会的数据可以得出,从市场交易量来说,我国的上交所和深交所分别位于世界第三和第五位,但与纽交所和纳斯达克相比还有一定差距。从上市公司数量来看,伦敦证券交易所的上市公司数达到2966家,位居世界第一;纳斯达克与东京证券交易所分别为2778家和2293家,位列第二、第三位。而我国上交所和深交所的上市公司数分别为894家和1169家。我国目前还不允许国外的公司在国内上市。我国金融市场的股票期货股指期货、ETF期权等金融衍生品交易还处于初级阶段。

(2)国际债券发行量几乎为零

从全球债券的存量来看,根据BIS数据,2010年末,全球的债券市场未清偿余额为94.84万亿元,其中,国际债券余额为27.69亿美元,国内债券余额为67.15万亿美元。欧元区作为一个整体,其国际债券余额占全球总余额的40%以上,其次是美国,这一比例为26%。而我国作为世界第二大经济体,其国际债券余额仅仅占全球的0.27%。

从全球债券的流量来看,根据国际清算银行的数据,2010年6月末,国际债券的发行以欧元和美元为主,其中欧元所占的份额为43.5%,位列全球第一。依次分别为美元、英镑以及日元,所占的比例分别为40%、8.1%和2.8%。相比之下,以人民币发行的国际债券几乎处于零发行阶段。

(3) 外汇市场不足1%的全球影响

中国外汇交易市场占全球交易量0.4%。目前,伦敦、纽约、东京依然是全球的三大外汇交易中心,且在全球外汇市场所占的份额不断上升。2012年,伦敦交易量占全球总量的38%,继续领先全球,纽约以17.9%的份额位列第二,东京以5.4%的份额位列第三。与此相比,我国的日均外汇交易量在2012年4月仅仅达到198亿美元,占全球外汇日均交易额的0.4%。

人民币占全球外汇交易额不到1%。在外汇市场交易币种中,美元仍占绝对的主导地位,按双边统计,美元的份额占84.9%;欧元、日元的市场份额有所上升,分别为39.1%和19%。英镑的份额为12.9%;人民币在外汇市场交易中的比重略有上升,但仅为0.9%。

此外,我国外汇期货、外汇期权等金融衍生品种类缺乏。

(4) 人民币离岸中心的市场规模小

中国离岸债务市场存在的主要问题是:单笔发行额小和市场规模小。10亿元左右的单笔发行额,较国际离岸债券市场的平均发行额低,不足以吸引大规模的投资者。

香港离岸市场发展最重要的瓶颈在于中国对人民币资本流动的限制,只有人民币实现了完全的可自由兑换,人民币在境内外以及境外重要国际金融市场间可以自由移动的时候,香港人民币债券市场才可能吸引更多的投资者。

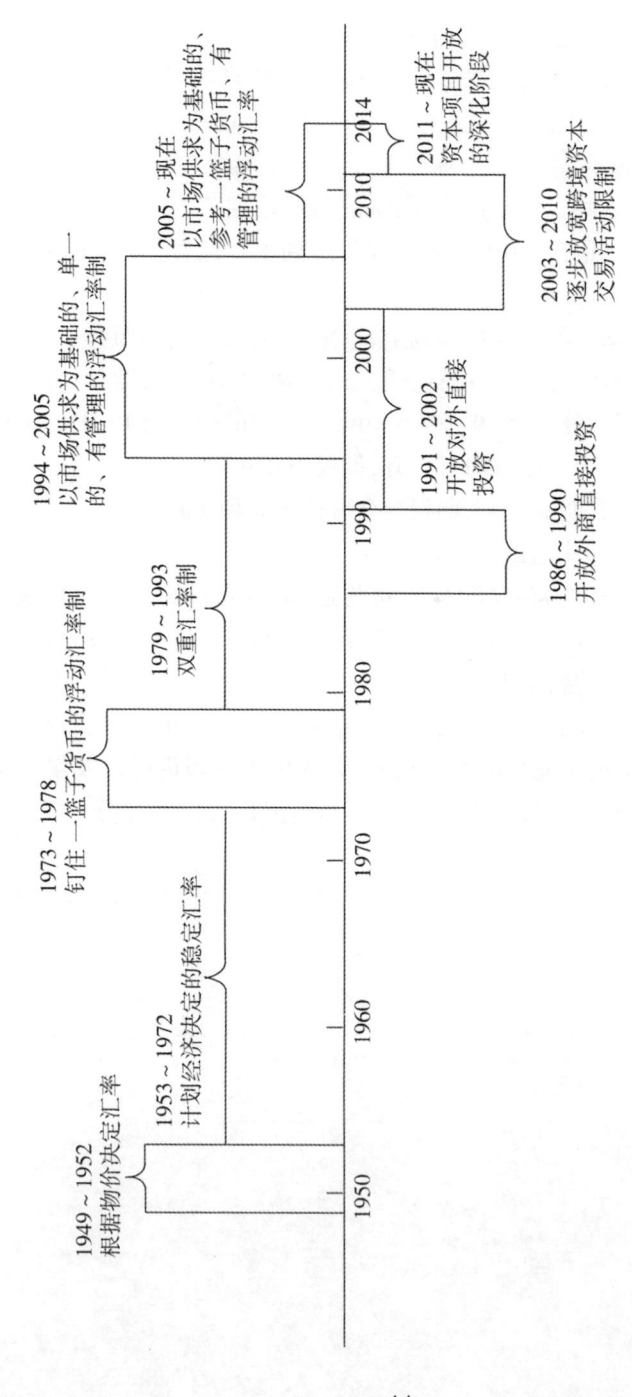

图2-3 资本市场改革历程（1）

3 日元国际化与人民币国际化进程的相似性与差异性

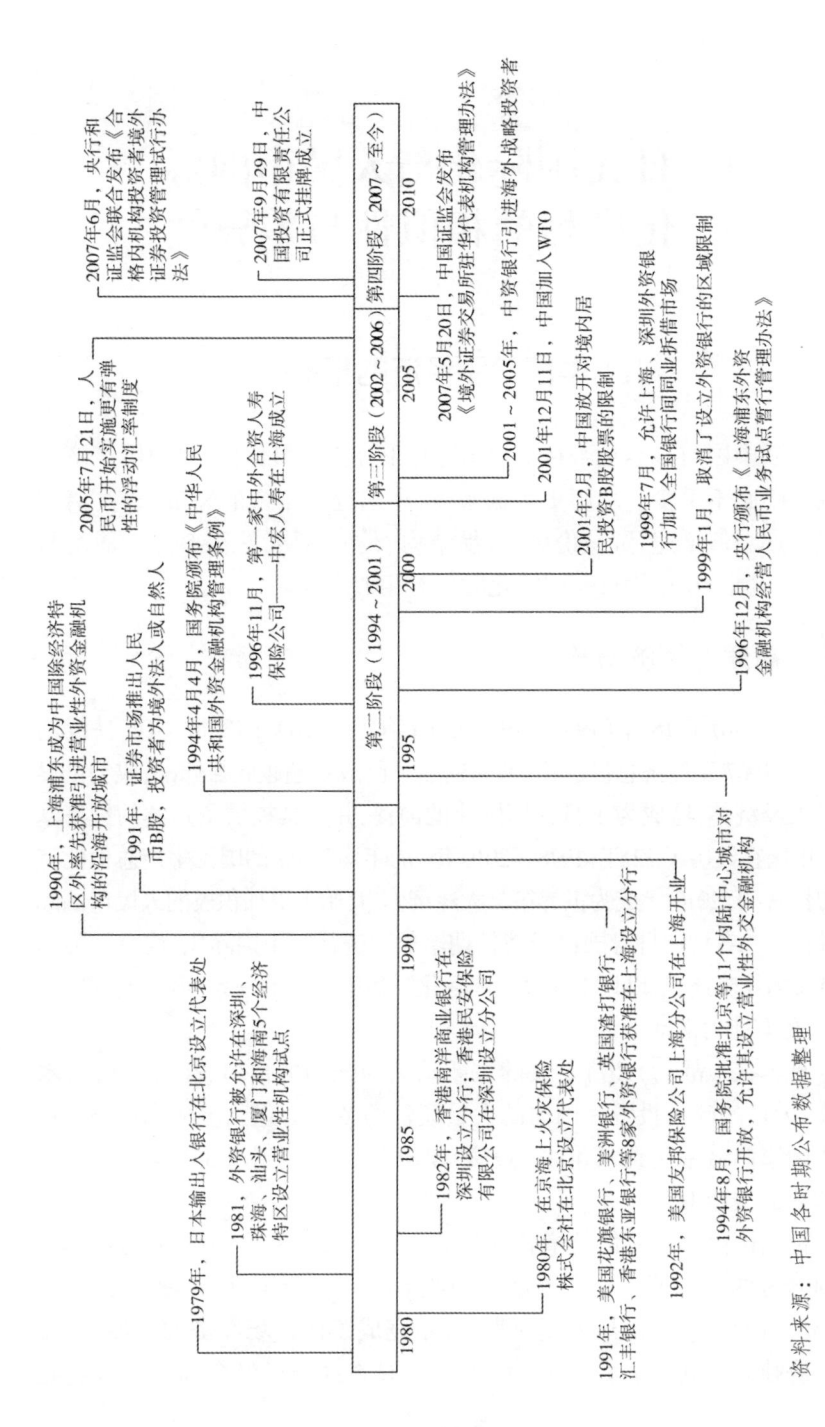

图2-3 资本市场改革历程(2)

资料来源：中国各时期公布数据整理

3 日元国际化与人民币国际化进程的相似性与差异性

3.1 中日国别经济的相似性

判断中国与日本是否在货币国际化上存在的可比性,对两国经济状态的判断必不可少。从历史数据来看,中国近十年来的经济条件,诸如国民生产总值增速、贸易份额、贸易结构、经济结构、储蓄率等方面均与日本20世纪80年代日元国际化时代有相似之处。

3.1.1 高速的经济增长

日本经历了18年(1955—1973年)的年均8.96%的实际GDP持续增长,并于1967年经济总量达到447305亿日元,成功超越联邦德国,成为世界第二大经济体,这成为了日元国际化的前提,并为其提供了强健的经济基础。中国在经历了32年(1978—2010年)的年均9.8%的国民生产总值的持续增长后,于2010年成为世界第二大经济体,开始了更加积极的人民币国际化进程。二者均在自身国民经济长期增长后进行货币国际化,均有较强的经济实力作支撑,所以日本在日元国际化进程中采取的一系列措施,我国可借鉴,也有能力借鉴。

日本在二战后,经济发展的主要动力为强劲的出口、高科技的技术转让、大量的政府投资和国内的大量廉价的劳动力供给。60年代末,日本的国家储蓄率达到了40%,投资/GNP的比重达到了35%,与今天中国的数据很相似。

根据国民生产总值的增长速度,一般将二战后至1973年的日本经济划分为两个时期,即战后恢复时期(1946—1955)和高速增长时期(1956—1973)。在战后恢复时期,日本完成了向市场经济的过渡,实现了经济独立。到了上世纪50年代中期,日本经济已经全面恢复或者超过第二次世界大战前和战时的最高水平。在高速增长时期,日本与欧美等发达国家的经济差距迅速缩小,国民生产总值于1967年和1968年先后超过英国和联邦德国,位列美国之后,成为世界第二大经济体。

表3-1 战后日本经济计划

计划名称	制定时间	计划期间	计划目标	实际增长
经济自立五年计划	1955.12	1956—1960	5.0%	8.8%
新长期经济计划	1957.12	1958—1962	6.5%	9.7%
国民收入倍增计划	1960.12	1961-1970	7.8%	10.0%
中期经济计划	1965.12	1964-1968	8.1%	10.1%
经济社会发展计划	1967.3	1967—1971	8.2%	9.8%

资料来源:冯昭奎《日本经济(第二版)》,高等教育出版社,2005年版,第61页

3.1.2 相近的产业结构

日本是一个资源匮乏,依靠原材料、能源进口的国家,其经济的贸易导向性极其突出,其生产过程中的原材料购买和销售均需要在国际市场中获得。中国同样是贸易大国,其进出口贸易总额占国民生产总值的比重如图3-1所示一直处于高位。

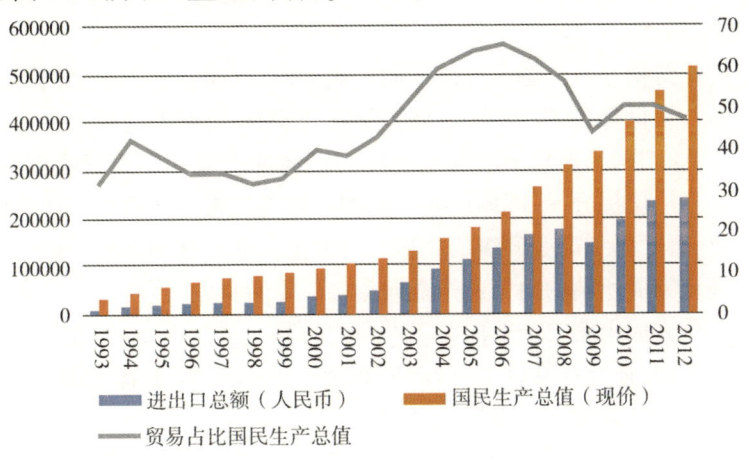

数据来源:日本财务省

图3-1 1993-2012年日本贸易比重

随着东亚贸易中垂直一体化程度越来越高,企业的生产过程中越来

越多地使用到进口的中间品,而进口的中间品趋向使用美元等国际货币标价,中、日企业成本中的汇率风险越来越大。

在这一阶段中,中日第二产业占比均较高,日本约为41%,2012年中国第二产业占比约为45.3%。值得注意的是,房地产行业产值占比两国在两阶段均保持在10%左右。

相近的产业结构与对贸易的依赖,从侧面反映了两国对货币国际化均有相似的需求。日元国际化既有来自国际的压力,也有来自本国国际贸易的需要。而中国在经济体量日渐扩大的同时,保持着贸易在国民生产总值中的高占比,更表明我国对货币国际化的现实需要。近似的产业结构保证了日元国际化进程中对自身产业的影响与其应对方案可以成为中国人民币国际化进程中对未知可能的充分预警,并为应对政策提供现实参考。

3.1.3 面临产业结构的转型和升级

在日元国际化的同时,日本进行了劳动密集型到资本密集型的产业结构升级,从"贸易立国"到"科技立国"的战略转型。中国在人民币国际化的同时,也于十八届三中全会战略部署中,规划了产业结构的升级,经济发展模式由粗放型到集约型的转型。扩大内需,刺激消费,以减少贸易占国民生产总值的比重。

产业结构是一个国家或地区的产业构成,反映各个产业部门所占比重大小。从世界各国的经济发展规律看,随着经济发展与社会生产力的提高,产业结构呈现出不断从低级向高级演变的规律。随着经济发展,国际分工地位提升,一国的产业结构的主要支柱将经历由第一产业向第二产业,再向第三产业升级的过程。一个国家或区域的支柱产业通过工业化进程完成所谓的由第一产业向第二产业转移的过程;支柱产业由通过信息化完成由第二产业向第三产业的转移。从生产要素角度看,在工业化过程中,还存在从资源、劳动密集型产业向资本、技术密集型产业,继而向知识密集型产业发展的规律。

在中日两国货币国际化起步时,中日两国的产业结构都表现为工业化形态,第一产业就业人数和产值在经济中的比重下降,第二、第三产业得到快速发展。相比较而言,中国1997年的产业结构高级化程度逊于日本的 1973 年。

比较产业增长指数与 GDP 增长指数的变化,可以反映改革开放以来我国的产业结构变化。以 1978 年为基期,1997 年中国 GDP 年均增长速度为9.8%。从产业增长指数看,1997 年,第一产业指数的年均增长速度为 5.0%;第二产业增长速度达到 11.9%,其中隶属于第二产业的工业年均增长速度高达 12.0%;第三产业年均增速 10.6%,处于第一产业和第二产业之间。较高的工业增长指数反映了我国经济正处于工业化的进程之中,第三产业的增长指数比重,说明我国的服务业有了一定的发展,但国民经济尚未进入信息化阶段。

虽然中国的产业结构不断演进升级,但是与同等人均国民收入水平的国家相比,存在很大的偏差。中国 1997 年人均 GDP 近 800 美元的时候,第三产业在国民生产总值的比重大体上相当于典型国家的 80 美元的水平。

3.1.4 人均可支配收入与消费习惯

中日两国在两阶段人均年可支配收入水平基本持平,约为 2100 美元左右。分析两国居民消费习惯,以储蓄率为指标来看,日本居民平均储蓄率在 30% 左右,中国在 45% 左右,均高于西方发达国家的平均水平。同时住房需求与投入均占个人消费支出的大头,两国居民在投资方面对房地产均极为青睐。另一个值得注意的细节是日本在这段时间内正处于由个人住宅带动的第二波房地产热潮,而当前中国市场个人住宅市场热度也有一定过热倾向。近似的人均可支配收入与消费习惯,是两国社会状态的现实反映。相似的国内市场与消费习惯使得货币国际化过程中产生的种种影响有了可比性与可预见性。居民高储蓄率与对不动产市场的投资偏好,直接影响两国金融资本市场发展的相对滞后,进而对货币国际化形成不利因素。

3.1.5 劳动力市场结构相似

根据 Ohkawa and Rosovsky(1973)的研究,在二战后,日本的全职农业人口中,70% 以上的人没有就业或没有完全就业。充足的劳动力使得在农业产出不受过多影响的前提下,工业的发展得到了充足的劳动力资源。有一种说法认为,在当时的日本社会,存在两极工资结构,即现代企业的工资水平达到农业工资水平的两倍以上时,社会的剩余劳动力产生了充足的重新配置劳动分工的动力。中国的劳动力市场的结构与日本在当时也很相似。这种大量的剩余农村劳动力的存在,形成了中日两国经济发展时期庞大的人口红利。

3.1.6 贸易依存与美元依赖

日本是一个资源贫乏,依靠原材料、能源进口的国家,其国家的贸易导向性是很突出的。生产过程中原材料的购买和销售,都需要在国际市场中获得。中国同样是一个贸易大国,贸易占国民生产总值的比重在2012年达47%。随着东亚贸易中垂直一体化程度越来越高,在企业的生产过程中,越来越多地使用到进口的中间品,而进口的中间品趋向使用美元等国际货币标价,中日企业成本中的汇率风险越来越大。日本与中国在其国际贸易结构中,都无法摆脱对美国的依赖。

3.1.7 金融以间接融资为主

直接金融发育不良,间接金融成为中日金融领域在货币国际化自发阶段的最显著特征。所谓间接金融是指资金由资金剩余部门(主要指家庭部门)向资金短缺部门(主要是企业)的流动仅由银行来进行间接实施。直接金融是指企业发行债券、股票等使资金直接从家庭流向企业。日本间接金融为主的融资方式一方面配合了政府对资金的管理和控制,同时也形成了银行系统难以化解的"超贷"现象。中国的间接融资程度更甚于日本。

(1)日本金融机构中的间接金融

20世纪50年代中期至70年代早期的日本金融结构被概括为四个特征:超额贷款、超额借款、资金的不平衡和间接金融。这四个特征是由投资引导的政府政策,人为的低利率政策以及经济的非国际化这三个当时经济的特点所决定的。日本金融结构的四个特征反过来也促进了这一时期依靠出口和投资引导的经济增长模式。

日本间接金融为主的资金筹措方式有利于政府对资金流通的管理和控制,政府依靠低利率政策降低了金融机构的经营风险,同时扩张了银行的放款积极性,从而形成了超贷现象。所谓超贷,指银行体系过量放款,以至于形成负的储备资产并依靠从日本央行借入资金进行放贷。进入20世纪70年代,重工业和化学工业投资需求减缓,对银行贷款的需求降低,日本金融系统超贷现象有所缓解。与银行的超贷并生的现象是日本企业的超借,超借反映出日本公司对从银行借入资金严重依赖的状况。与其他发达国家的企业相比,日本企业内部资金少,外部资金中对贷款依赖程度高,对证券发行依赖度低。据统计,1970年日本间接融资占全部融资比重为87.2%,而联邦德国和美国同期各占83.7%和47.2%。

进入20世纪70年代,重化学工业投资需求降低,诸如环保、民生等其他部门亟待发展。如在以市场竞争为基础的金融系统中,资金会在市场竞争的基础上自动流向最优资源配置的企业和行业。但是在日本政府主导的金融体系中,向专门行业提供贷款具有风险性高、周期长的特点。日本的某些行业,即便无法在市场竞争中获得更高的盈利性,但一旦得到政府的政策担保,其安全性动机依旧刺激贷款资金流向这些部门,从而扭曲了市场资金配置的有效性。

(2) 中国金融结构中的间接金融

为了适应高度集中的计划经济体制,改革开放以前的中国金融体制表现出高度集中的特点,中国人民银行垄断了几乎所有金融业务。它既是一个国家管理机关,又承办对工商企业和居民的各种金融业务。1978年,伴随经济体制的改革,中国的金融体制改革也随之展开。

中国金融体系的滞后性直接导致了金融结构以间接金融为主的特征。中国计划经济体制时代的金融资产基本上全部表现为货币性金融资产。1980年中国恢复了国内保险业务,1981年恢复了国债发行,20世纪80年代中期,金融债券、企业债券和股票成为新的融资形式,但直接金融比例依然非常低。1995年,中国金融资产总量中,货币性金融资产占91.1%,有价证券只有7.4%的比例。1997年,中国的金融机构贷款增加额13761亿元,股票、企业债券融资合计130.7亿元,间接融资比例达到96.2%。从融资余额看,1997年,中国金融机构贷款余额74914亿元,股票、企业债券融资余额3241.5亿元,间接融资比例为95.9%。中国融资结构中的间接融资比例较日本高出了近10个百分点。

20世纪末期,中国已经基本形成了以专业银行为主,多种金融机构并存的金融组合体系,金融市场得到初步发展。有价证券市场从1981年发行国库券开始,逐步发展衍生出了一级市场和二级市场。1990和1991年,上海证券交易所和深圳证券交易所分别成立。当时中国对股票/股权融资和企业债券融资等还存在着比较严格的限制,如20世纪80年代开始国有企业等发行主体可以以"企业债"形式发行公司债券。在国务院1987年3月27日发布的《企业债券管理暂行条例》中,对企业债券发行的规模、额度、企业经营状况有详细的规定,但需经严格审批才可发行。《条例》规定:1.能够发行"企业债"的企业限定在中央政府所属机构,国有独资企业等;2.筹措资金主要用于国际产业政策有关的固定资产投资,技术更新改造项目等;3.发行时,需要通过国家发展改革委员会,接受国务院的审查批准等,设有种种条件。此外,设定了发行利率(规定不得超过相同期限的银行存款利率40%)、发行总量(由国家发展改革委员会管理年度发行总量)等规定。而中国真正意义上的公司债券的发行,是在2007年8月中国证监会公布《公司债券发行试点办法》后才被允许。

3.2 中日同处世界环境与自身地位

货币国际化的进程,从根本上是该国经济体量、贸易金融市场发展的结果,同时,货币国际化也受到诸多国际外部环境因素的影响。日元国际化与人民币国际化初期所处的环境极为相似,主要体现在以下几个方面:

3.2.1 世界经济地位对等

当前中国为世界第二大经济体、第一大贸易国,与日本七十年代至八十年代情形相近。2013年,中国GDP总量为8.3万亿美元,占世界比重12.3%。此比重高于1984年日元国际化时期的日本经济在世界的地位(不及10%)。2013年,中国货币贸易占世界货物贸易比重的12%,已经超过了上世纪80年代相同历史发展阶段的日本。近似的世界贸易权重,使得在行使货币的结算职能时,日元国际化进程中产生的影响可以作为人民币国际化的预演与重要参考。

3.2.2 国际经济与货币形势类似

日本推行日元国际化时世界经济处于 1980~1982 年世界危机后复苏阶段，整体经济回暖，同时布雷顿森林体系的崩溃呼唤新的国际货币秩序，日元获得极好机会。当今世界正处于 2008 年世界金融危机之后的世界经济复苏期，整体经济有回暖迹象。同时，金融危机中美元的霸主地位再一次受到撼动，人民币国际化获得良好机遇。

3.2.3 国际收支与外汇储备

在日本正式推进日元国际化的前夕，日本保持着对美国庞大的贸易顺差。按照美国统计局贸易统计数据，直到 2000 年被中国取代以前，日本一直是美国的最大货物贸易顺差国。日本的出口额从 1970 年的不到 5 千亿日元增加至 1980 年的近 2 万 6 千亿日元，为日元国际化打下了坚实的贸易基础。中国于 2009 年超越了日本，成为世界第一大贸易出口国。根据日本财务省数据，日本货物贸易于 1980 年仍持贸易逆差，逆差额达到 106.86 亿美元。1981 年开始迅速转为贸易顺差，到 1985 年，货物贸易顺差以增加至 467 亿美元，1990 年增加至 568 亿美元。中国从 2000 年一直保持着货物贸易顺差，而且贸易顺差迅速扩大，除仅有的如 2012 年 2 月出现的短暂贸易逆差的 4 次特例外，中国的贸易顺差在 2014 年 11 月达到了 544.7 亿美元的历史峰值。因此，中日庞大的贸易额和贸易顺差为两国货币国际化提供了前提。

1984 年在，日本正式开始日元国际化初期，日本的经常项目与 GDP 比重在 10% 左右。2005 年，中国实现经常项目可兑换，当时的经常项目与 GDP 比重在 15% 左右，2013 年，该比重在 10%。可见，中国与日本对于贸易的依存度在两国正式推进货币国际化时期是很相似的。

同时，与日本的同时期有所不同的是，我国的国际收支更加明显呈现为双顺差情况。自 20 世纪 90 年代以来，除个别年份外，中国一直保持着经常项目和资本项目的双顺差。尤其是在 2000 年后，双顺差呈现迅速扩大趋势，导致了我国外汇储备迅速膨胀，中国的国际收支失衡程度较日本要更加严重。

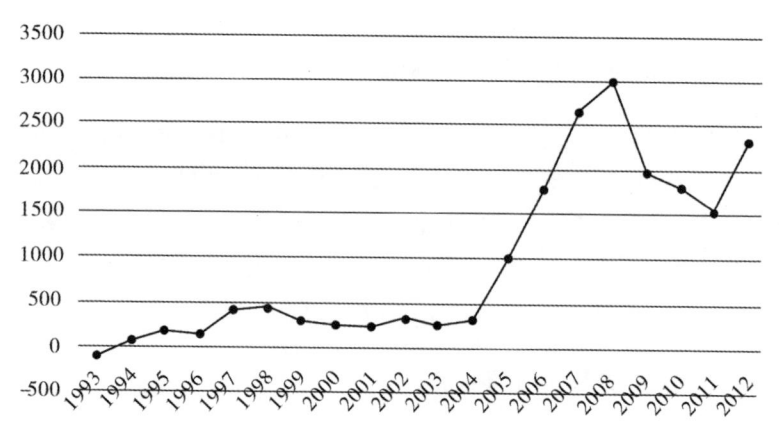

数据来源:国家统计局

图3-2 中国进出口差额

3.2.4 同处货币升值空间

1984年签订的《广场协议》旨在美国强迫日元升值,以缓解日美贸易失衡对美国经济的影响。2005年,在美国针对中国对美贸易顺差和汇率政策的庞大压力下,人民币进入了对美元的升值通道。货币升值对出口产生直接的负面影响,但同时可降低直接对外投资成本,有助于扩大直接投资和本币的国际化使用。依据国际清算银行的数据计算,受到《广场协议》的影响,日元有效汇率由1984年的55快速上升到1993年的100,这是日本在该阶段对外投资大幅提高的直接诱因。同样地,在美国等贸易逆差国不断要求下,人民币从2005年7月汇改开始至2014年初,对美元汇率从1:8.2上升到1:6.1。两国虽然升值幅度不同,但是相同的趋势从侧面反映了两国面对着可比较的国际压力与自身经济压力,在日元国际化进程中,日本采取的一系列措施背后的原因很可能与货币升值直接相关,这使得这些政策对中国人民币国际化进程更具有参考价值。

3.2.5 汇率的国际认可

由于日元在上世纪80年代兑美元的被迫升值,客观上刺激了货币反替代,从而促进了日元在全球范围内作为贸易、投资及储备货币的使用。因此,日元兑美元的升值成为日元国际化的直接影响因素。

人民币在自发的货币国际使用初期,原因与日元国际化的早期产生的原因不尽相同。中国在 2005 之前,虽然官方宣布的是实行有管理的浮动汇率制度,但事实上人民币的名义汇率变动很小,人民币事实上一直被认为是盯住美元汇率制度。因此,人民币在中国边境贸易中的早期使用,与人民币与美元保持事实上的盯住汇率制是相关的。2005 年以后,人民币兑美元的持续汇率升值预期进一步扩大了人民币的边贸结算规模,也走上了以市场供求为基础的自发的人民币国际化进程,此时与日元的汇率状况变得极其相似。

3.2.6 "特里芬悖论"制度性矛盾

"特里芬悖论"是国际货币体系的制度风险,同日元货币国际化起步阶段最相似的国际金融背景在于国际货币体系的"无体系"。日元国际化进程始于布雷顿森林体系解体和各国施行浮动汇率的大背景下,以美元信用为基础的牙买加体系使得汇率超调成为常态,均衡汇率、实际有效汇率无从获得。理论上,在浮动汇率之下,一国货币当局只需要保有很少一部分国际储备(外汇储备),然而事实上,布雷顿森林体系解体之后,世界货币体系进入了以美元为本位的时代,美元占有绝对中心的货币地位。美元仍然面临着通过贸易逆差向世界输出美元流动性,同时保持美元币值稳定的两难选择。为应对牙买加时代的货币危机发生的风险,世界各国不断增加以美元为中心货币的外汇储备,更加刺激了美国央行的货币超发,增加美元币值的不稳定性。人民币国际化的时代,同样是面临着牙买加体系所带来的制度风险,"特里芬悖论"所提出的根本矛盾。

3.2.7 相似的地缘政治

日本地处亚洲东部,太平洋的西岸,处于以美国为中心的跨太平洋贸易合作伙伴(TPP)和以东盟为中心的东盟 10 + 6 的这两个区域性贸易多边组织的辐射区域,经济、金融对亚洲地区的辐射性很强。中国为东亚、太平洋地区的后起之秀,其经济体量已超过日本,成为世界第二大经济体,并于 2014 年初成为世界第一大贸易大国。习近平主席于 2013

年10月提出了打造"中国—东盟命运共同体"的战略定位。中国对东盟地区的经济辐射效应日益增强,在亚洲,出现了继以日本为首的"雁行模式"之后,以中国经济领先的亚洲"后雁行发展模式"。中国与日本对亚洲地区的经济贸易互补和在国际贸易中对美国的贸易依赖,在两国货币国际化的过程中,表现十分相似。

3.3 中日两国货币国际化进程的差异性

人民币与日元在国际化初期虽有上述种种相似性,但国家特点、历史进程等方面还存在重要差异,主要体现在以下几个方面。

3.3.1 经济国际化水平的差异

中国已经成为世界第一大贸易国、外汇储备国和第二大经济体。中国与日元均在成为世界第二大经济体的时候,走向本国货币国际化道路的。但是,中国的经济结构、贸易的科技含量和工业化的程度都不及日元国际化初期时的日本。甚至今天,中国在全球贸易结构中所处的地位,仍然不及当年的日本。中国经济的增速很快,体量大,但总体质量需要升级。

目前,中国的经济结构转型还未达到日元国际化积极推进时期的日本相对水平。中国经济结构转型还在进行中,其由劳动力密集型、向投资密集型,突出高科技元素的工业体系的转型还未建立。虽然我国已是世界第一大贸易国,贸易总量为世界第一,但远未达到日本20世纪80年代至90年代的贸易强国地位,究其原因是我国贸易还处于产业链低端,还没有像日本同期形成以汽车、电子等中高端贸易产业为主的出口结构。经济结构的转型阵痛和在国际贸易中的非强势地位,意味着中国在货币国际化进程中可能会面临较日本国际化更多的困难,尤其人民币国际化对中国微观经济领域的众多企业影响可能更大,这对中国政府是个不小的挑战。

3.3.2 外汇储备量的差异

中国长期处于国际收支双顺差,外汇储备的积累是必然的,截止至

2012年,我国外汇储备已达33115亿美元,为世界最大的外汇储备国。日本在1985年国际化正式推行之时,日本外汇储备仅有219.16亿美元,占比全球外汇储备仅仅5%。金融危机过后,美国量化宽松的货币政策为经济提供了大量的货币流动性,同时,存在美元在未来贬值的风险,意味着以美元投资为主的中国外汇储备可能面临严重缩水风险。后金融危机时代,中国巨额的外汇储备也意味着人民币升值压力更大,这对于中国以贸易为主的出口企业应对人民币升值风险提出了更大挑战。但这也有好的一面,充足的外汇储备使我国在人民币国际化进程中可以有更加充分的防御货币危机能力,如资本项目可兑换后的资本迅速撤离问题。

3.3.3 国际金融体系的深度和广度发生了深刻的变化

日元国际化起步时期,国际金融市场的流动性和金融产品的种类远不及现实国际金融体系的规模和复杂程度。现在全球虚拟经济与实体经济的比重与日元国际化的初期相比已经愈发失衡,国际资本市场的体量和流动性此间发生了深刻的变化。国际资本的投机能力可以在瞬间摧毁一国的实体经济,使得每个非美国的国家都必须积累大量的外汇储备以防备资本突然流入和撤离所引发的货币危机的风险。对于经济大国来说,如果本币能发展成为国际储备货币,对抗国际资本流动冲击的能力将大大增强,发生金融危机的风险也可能相应降低。

3.3.4 区域货币合作深度与广度的差异

与1970年初相比,21世纪初,国际区域货币合作的深度和广度都发生了深刻的变革。欧元的启动给国际货币体系的发展提供了新的区域货币一体化的模式。国际货币体系正在从牙买加时代美元本位的"单级"向多极化发展。区域货币一体化可能在日元国际化的初期,即20世纪70年代,时机尚不成熟。而到了21世纪初,由于中国与东亚地区区域经贸一体化格局欲见明显,中国取代了日本,成为东亚垂直一体化生产体系中的领头雁,启动亚洲生产"后雁型"模式。紧密的经贸联系、欧元的示范作用和成长潜力使得亚洲国家货币的区域化路径呼之欲出。

另外,由于中日所处地理位置的不同,客观导致跨境货币结算时,对本国金融市场的深度和广度的要求不同,进而导致中国金融市场的纵深发展,复杂程度不及货币国际化同时期的日本的金融市场。

日元贸易结算的对象国包括不同经济发展水平的国家。日本是四面环海的岛国,没有与之接壤的国家,不具备发展边境贸易的条件。因此日本不具备通过边境贸易进行货币扩张的基本前提。日元国际化对日本当时的金融市场的成熟度和央行监管的有效性提出了更高的要求,即金融市场足够发达以能够支撑本国与非邻国之间的本币贸易。

中国地处欧亚大陆东部,陆地边境线22000余公里,与十余个国家接壤,成为开展边境贸易的天然优势。中国边境贸易中自发的人民币结算,很多都是在邻国边境的地摊银行中开始的,因此对于中国金融市场及央行的监管职责的要求都不及当年的日本。

3.3.5 市场与政府机制的差异

人民币的国际化是以市场力量为决定因素,由政府积极推进的主观与客观因素相结合的推进模式,而日元国际化进程多是在外部压力下完成,或是在自身危机补救中进行的。

日元国际化进程一波三折,起起伏伏,但总的来说日本处于被动状态。日元国际化由于其被动性,无法进行自身路径设计,故未能理性地进行区域化的自然发展阶段而直接步入国际化,在三十年后国际化停滞不前又开始反向研究日元的区域化进程。与之不同,我国人民币国际化进程完全由我国政府主导,做到逐步、有序进行。而从人民币国际化进程可以看出清晰的逐步推进过程,当前人民币在亚洲区域的国际化尝试已取得一定成果。

3.3.6 货币计价职能失衡的表现差异

按照国际贸易计价货币选择理论,由于中日产业结构所处的地位不同,在贸易计价选择中,日本进口产品同质性高,不易使用日元计价,而中国出口商品同质性高,不易使用人民币计价。因此日本出口中日元计价占比高于进口,中国人民币进口计价占比高于出口。

3.3.7 资本项目开放的差异

日元国际化和人民币国际化在起步阶段,最大的一个不同点在于资本项目的可自由兑换程度。

1980年12月,日本对原来的《外汇和外贸控制法》进行了修改,该法律将外汇控制的基本原则从原来的"禁止国外交易除了例外"转为"交易自由化除了例外",这部法律的颁布标志着日本实质上废除了对日元的外汇控制,同时也几乎意味着日本在实质上废除了对日元可兑换性的所有限制,日本在1984年就基本实现了完全的资本项目的开放。在1973年,日元就实现了汇率自由浮动。按照"三元悖论"的理论,即资本项目可自由兑换、汇率自由浮动与货币政策的有效性的搭配组合,可以看到日本于1984年,日元开始积极的货币国际化时期,即可以实现货币政策的自主性,但中国目前并不具备这些条件。我国虽然最近开放了资本账户下的一些项目,但资本项目的完全兑换仍没有实现。虽然近几年中国资本账户开放程度有所提高,推出了沪港通、QFII\QDII等允许资本项目双向兑换的渠道,但仍需有很大的改革力度。总体上,中国目前资本账户的开放程度要低于日本开放资本项目之初时的状况。

3.3.8 技术转让机制存在不同

中国主要依赖国外直接投资以引进国外技术,日本主要依赖签订技术许可证和逆向工程来获取国外技术。日本政府在1950年后的30年都极力地限制了国外直接投资的准入。Mason(1982)认为正是由于日本市场对国际跨国公司的准入限制,使得日本可以更加努力开发本国的设计和研发能力。我国的改革开放政策,一直鼓励对引入外资、合资企业的发展,客观上造成技术创新对生产力的贡献落后于同时期的日本。

综上所述,中国与日本从地缘因素、宏观经济因素、贸易经济结构、金融市场的发展历程、甚至人文因素等层面,是具有很大的相似性的。人民币的国际化,不具备与美元、英镑、欧元等国际货币的可比性,人民币的发展历程与日元在上世纪的发展历程具有强大的可比性,同时,鉴于日元国际化的失败,本论文旨在挖掘人民币与日元国际化内外部因素的种种不同性,以求解人民币国际化进程中可以预见的难题及可能遇到的困难。

通过对中日货币国际化的共性与个性的比较研究,本论文认为人民币国际化仍将面临当年日元国际化进程中面临的一些问题,如资本项目的开放、贸易的保护、金融市场的发展、在贸易与投资领域的去美元化等,但是人民币国际化最大的优势在于中国政府具有更广阔的视野,今天是一个更加全球化的世界,中国正在走向对其历史长河经济地位的回归,这次回归来自于很深的金融抑制,仍然是在回归与发展的上升期。

　　另外,香港作为国际金融中心为中国建设人民币离岸市场,清算中心和人民币外汇市场,相较于日本,带来了天然的优势。

　　香港已有的金融基础设施使得中国不需要像日本那样必须集中建设东京国际金融中心(东京离岸市场、外汇市场等)和发展欧洲日元市场来促进日元国际化。我国可以利用现有的香港的国际金融中心优势来承担部分人民币离岸清算、发债、外汇交易的功能。从这个角度来看,中国更具有发展离岸人民币市场的先天优势。

4 货币国际化的决定因素与中日货币国际化进程

经济学界对影响一国货币成为国际货币的决定性因素的研究,一直没有中断过。用计量经济学的研究方法,试图量化各项决定性因素在现代经济史上美元取代英镑过程中所起到的作用,经济学者也进行了几次尝试。

本论文所探讨的一国货币的国际化,不一定以完全国际化,即货币成为国际储备货币的重要组成部分作为国际化的最终目标。对货币国际化的定义的程度不同,可能达到要求的条件也不相同。

4.1 影响一国货币国际化的决定因素

通过目前从计量经济学领域对货币国际化的研究,一国货币国际化的因素大致可以归纳为以下几类:

第一类变量就是国家的经济、贸易和国际债权/债务情况。Chinn & Frankel(2007)指出,一国如果经济在全球产出,在贸易和投资中占主导地位,将使该国的货币具有"天然的优势"。一国的经济体量(GDP)贸易额和国际债权(债务)情况将决定该国货币是否被国际市场广泛接受和在交易中使用。(Subramanian,2011)

第二类变量是国际市场对该国货币的信心。拥有国际货币的国家,要向全球提供稳定的币值和充分的流动性。投资者希望该货币的币值稳定,并且该货币国经济不会出现大规模的通货膨胀。

第三类变量是该国的金融市场的深度和广度。资产的流动性充足通常被认为是进行投资货币选择时的重要决定因素,而金融市场的发达程度是一个非常重要的市场资金流动性充足与否的决定性因素。Eichengreen & Flandreau(2010)通过计量模型证明了在美元取代英镑成为国际中心货币的过程中,金融市场的深度和发达程度,是最重要的决定性因素。但对于衡量金融市场的深度和广度,目前还没有学术界一致认可的变量。Schularick & Tayler(2012)在研究报告中提出,金融市场的深度将采用该国银行资产量与该国 GDP 的比率来表示,这也与 Eichengreen & Flandreau(2008)所认为的由该国银行的资产负债表中的资产项来代表该国金融市场的深度相一致。

第四类变量,即对现有国际货币使用所产生的网络外部性、路径依赖和使用惯性。国际货币的网络外部性,可以使该国货币的国际使用形成一种有效循环,即当一国货币被广泛用作国际贸易结算货币时,该货币即更容易在国际经济领域中被用作投资货币,外汇市场中的交易货币,其他国家汇率选择的锚货币,甚至他国储备货币,这就同时为该国货币的使用带来了规模经济效应。这种网络外部性使得该期被广泛使用的国际货币,更具有下一期继续被使用的优势。

综上所述,对国际货币决定因素的计量研究离不开以上四类因素。简而言之,可以用以下公式来说明:

Subramanian(2011)简化了对国际货币决定因素的变量研究,将决定因素只界定为(1)相对经济体量,这当中包含三个经济角度:产出、贸易和债权/债务情况;(2)国际货币的路径依赖。他同时选取了1900—2010 年这 110 年的历史,进行简单的回归分析。分析中仅仅使用了各时期的主要国际货币(1913 年前的英镑、法国法郎、德国马克;1929—1958 年的英镑和美元;1975—2000 年的美元、法国法郎、德国马克、英镑和日元;2000 年以后的美元、英镑、日元和欧元)。金融的深度和广度被忽略,是因为在 110 年的历史空间,数据无法获取。通货膨胀率被忽略是因为国际货币国的通胀在长时间考察,各国的区别并不明显。这项研究,因为选取的标本仅限于已经成为国际货币的国家,所以得出的结论只能解释国际货币相对变化的决定因素,而不能解释一国货币试图成为国际货币的可能性因素。

这项实证的结果是:(1)一国国际货币的相对变化,与该国的 GDP 和国际贸易比重,在 1% 的置信水平有显著的正相关;(2)一国货币国际化度的相对变化,与该国的债权状况在 10% 的置信水平有显著的正相关,也就是说,债权状况对货币国际化的决定因素,没有 GDP 或贸易显著;(3)这三个经济变量,可以解释 70% 的一国货币的国际使用程度。

Chinn & Frankel(2007)得出的结论不尽相同,该文认为,贸易是比 GDP 更加显著的货币国际化相对变化的决定因素。Chinn & Frankel

(2007)认为,GDP 变量对于一国货币的国际化是显著的,但自变量系数是 Subramanian 得出结论的 1/4,更重要的是,Chinn &Frankel 认为贸易比重不是一个显著的决定因素。

Forbes(2012)也指出,与过去相比,在国际货币的选择问题上,国际金融市场中经常使用的货币将比国际贸易和国际贸易信贷中所使用的货币占有更大的优势。这一点与 Chinn & Frankel 的观点相似。

Chitu、Eichengreen & Mehl(2012)通过对美元超越英镑成为国际中心货币的历史,利用各种决定因素的变量进行实证研究发现,美国金融市场的发展(深度和广度)是美元超越英镑的最重要原因。金融市场的发展对美元国际货币地位的影响,超过了经济体量、汇率政策和对英镑国际货币地位的路径依赖因素。

Chitu、Eichengreen & Mehl(2012)在对美元取代英镑的历史所做的计量研究中,选用了一国货币作为国际投资货币的市场占比的相对变化作为因变量,这不同于目前实证研究中多使用的一国货币在国际储备货币中的相对占比作为变量。计量分析的结果证实金融市场的发展(深度和广度)是美元超越英镑的最显著因素。金融市场的发展程度比经济体量因素更加重要。研究结论得出,路径依赖对一国货币的信心和经济体量都是显著的决定因素。但是在一年中,美国银行资产兑 GDP 比重每增加 10 个百分点,美元在国际货币使用中的占比就增加 3 个百分点。这与 Submaranian(2011)认为的经济体量因素为最重要因素结论相左。但是两份报告得出的一致结论是,对于人民币的国际化,中国需要大力发展金融市场,开放资本账户和实现汇率市场化的改革。

综合上述分析,尽管在四类货币国际化程度的决定性因素中,学者认为各类因素的显著性系数有所不同,但一致的意见是:一国广义上的庞大的经济体量(包括 GDP、贸易额和国际债权额)是该国货币成为国际货币的重要决定性因素。据此分析,中国目前在世界经济体系中的地位,是人民币可以成为国际货币的重要决定因素。

同时,学者也一致认为,由于对现有国际货币路径的依赖,一国的货币获得国际货币的地位,应该是在该国经济成为全球重要经济体之后。对于这个滞后的时间到底是多久,只能从经济历史角度寻找类似的定性比较,很难作出定量的结论。

4.2 日元国际化进程:货币国际化决定因素

在此前,对于货币国际化的决定因素已经进行了细致的分析。影响一国货币成为国际货币的决定性因素被再次归纳为以下四大类别:
- 该国的经济指数(经济体量、贸易额、债权/债务国)
- 该国币值的稳定性
- 该国金融市场的深度和广度
- 网络外部性

在深入研究日元国际化过程中各因素对日元国际化进程的影响后,可以看到:经济指数、通货膨胀和金融市场的发展都是日元国际化重要积极的影响因素。网络外部性使日元国际化进程整整晚了 20 年。以下将就以上各项货币国际化的决定性因素,针对日元国际化的状况进行逐一分析。

4.2.1 日本经济指数的分析

4.2.1.1 二战后的 GDP、出口和贸易

日本在二战后,经济发展的主要动力为强劲的出口、高科技技术转让、大量的政府投资和国内大量廉价的劳动力供给。在 1955 到 1971 年间,日本的出口以每年平均 16.9% 的速度持续增长,这个速度是同时期日本工业产出增长率的四倍。1959—1969 年间,出口额增大了 4 倍,到 1971 年,又在此基础上增大了 1/3,即使对于在高速增长中的中国来说,这些数据仍然是惊人的。同时,在 1960—1969 年间,日本在世界进口额中所占的比重扩大了一倍,尤其是对美国的进口份额。1970 年,日本对美国贸易顺差达到了 10 亿美金,庞大的贸易顺差使得日本的外汇储备在 1967—1970 年间扩大了一倍多。

4.2.1.2 差异化的产品结构与贸易格局

尽管日本出口贸易绝对额庞大,但并未形成出口计价优势。在贸易计价货币选择理论中,大致有三个因素影响贸易计价货币的选择:
- 该国出口在世界总出口额中所占的份额
- 该国对发展中国家出口占该国总出口额的份额

● 该国出口中,有差异性的制造业产品占该国总出口额的份额

日本贸易在以上三个方面的具体情况如下:

第一,从日本国际贸易的目的地来分析。在上世纪80年代,日本出口在世界出口总量和在对发展中国家出口额的占比中,绝对增长幅度高于任何其他工业化国家。尽管对发展中国家的出口绝对值在增长,相对于对发达国家的出口来说,日本对亚洲市场的出口呈先升后降的趋势,1980年,亚洲市场占日本出口和进口均在21%左右,到了1990年,亚洲市场占日本出口的26%,进口的29%。1980年,美国占日本出口的25%,到1990年,比重增加到了32%。由于美国80%以上的进口都是用美元标价,所以,对美国出口的大幅增加实际上抑制了日元在国际贸易中的计价作用。最后,日本对发展中国家(亚洲外)的出口和进口,在1980—1990年期间均呈下降趋势。

第二,从贸易产品结构分析。自1980—1989年间,有区别化的工业制造品占日本出口比重增加了12个百分点,1989年占出口总额的72%。美国同期出口中,有区别化的工业制造品占比增加了5个百分点,到49%,德国增加了4个百分点,到43%。

在日本的国际贸易领域,出口中对发达国家的比重不断增加,尤其是对美国,而这部分出口通常都用美元标价;有数据显示,有些日本出口商选择用外国货币计价以保证市场份额的稳定;日本对亚洲外的发展中国家的绝对出口份额在逐年下降;银行承兑市场很小,使得日本出口商获得日元计价的贸易贷款的机会很小,转而使用以美元计价的贷款。

由此可见,在日本的出口贸易总额高于其他工业化国家时,由于大量出口的目的地为美国,而美国的进口几乎都用美元计价,所以对美国贸易的增长和对亚洲贸易的相对缩减,实际上阻碍了日元在国际贸易中的使用。

4.2.1.3 经常项目与日元国际化

在一国货币国际化的初期阶段,经常项目顺差是很重要的。在上世纪80年代初,日本开始积累经常项下的盈余推动了日元在国际范围内被迅速认可。日本的银行可以通过贸易盈余向赤字国进行投资。在1980—1991年间,日本积累的5300亿美元的贸易盈余,使国际社会对日本的银行业、市场及货币增加了信心。(Tavlas and Ozeki 1992;Black1990)

但是,本论文认为经常项目顺差与一国货币的国际化,实际上不构成直接的联系。一个国家可以长期拥有经常项目顺差,但是如果在出口计价时大量使用他国货币,该国货币将仍然无法实现国际化。以石油贸易为主要收入的沙特阿拉伯就是一个很好的例子。因此,经常项目顺差是否是货币国际化的因素之一,需要具体分析。但是,经常项目的顺差,可以增加该国抗御危机的能力,增加国际社会对该国货币的信心,对货币的国际化有间接的帮助。

4.2.2 日元通货膨胀和币值的稳定性

在考虑一国通货膨胀的稳定性时,既要考虑到通货膨胀的程度,也要考虑到通胀率的波动程度。在与其他主要工业化国家及其他亚洲国家的比较中,可以看出日本在这两个方面做得都是非常好的,这也为日元的国际化提供了重要的保证。

4.2.2.1 被迫修改的货币政策目标

在上世纪70年代初期,日本的货币政策目标包含多种指标,包括真实经济增长率、低失业率、国际收支平衡和物价指数稳定。保证价格稳定是当时日本央行的从属目标(Shimamoto,1983)。日本的广义货币供应量在1972年达到了30%,又恰逢第一次石油危机,日本的通货膨胀从1973—1975开始持续上升,在1975年达到了两位数(Suzuki,1987)。高通胀一直持续到日本央行对货币政策目标做出了重大调整,从原来的在对利率管制的条件下的信贷数量调控,到利率市场化条件下的以通货膨胀率为调控目标。利率市场化是在金融市场和汇率市场化的改革之后进行的。货币政策目标的调整具体表现为1978年,日本央行的货币政策中期目标从金融机构对非金融机构(多数即企业)的信贷调控,改为广义的货币供给量的调控。这一货币政策目标的变化使得日本的货币供给增幅开始缩减。在上世纪70年代,日本的狭义货币(M1)年平均增长率在12%以上。在1980—1989年间,M1增长率下降至5%。广义货币(M2+CD)在上世纪70年代年均增长率在15%以上,在1980—1989年间,年均增长率约在9%。

4.2.2.2 通货膨胀有效控制

日本在上世纪70年代开始使用控制通货膨胀作为货币政策的中期目标的时候,德国、法国、意大利、瑞士、英国和美国都在同期实行了相同的央行货币政策目标。在1970—1990年日元国际化大举推进的20年间,日本的通货膨胀率在发达工业国家中是第三低的(5.7%),与德国同时期的平均通胀率为3.8%、瑞士为4.2%,甚至低于美国当时6.3%的通胀率。

综合上世纪70—90年代的表现,通胀平均得到了良好的控制,满足了一国货币国际化的重要因素。在1970—1979年间,日本的通胀率是发达工业国家中最高的(9.1%)。但在1980—1990年间,日本的通胀率是G7国家中最低的(2.6%)。如果观察通货膨胀的变化值,在1970—1990年间,日本的通胀变化值是第三高的(5.3%),在1980—1990年间,日本的通胀率是G7国家中第三低的(2.1%)。

日本在70年代的高通胀后,货币政策目标的变化取得了明显的效果。日本的通胀得到了良好的控制,保持了币值的稳定,赢得了国际对日元稳定性的信心,满足了日元国际化的一个重要前提条件。同期,德国的货币政策效果在更长时间内,对通胀的控制和通胀的变化值都优于日本,这也解释了德国马克在同时期国际化的快速推进。

表4-1 世界主要工业国家通货膨胀率和通货膨胀变化幅度

通胀膨胀变化率							
	法国	德国	意大利	日本	瑞士	英国	美国
1970—74	7.6	5.6	9.1	10.7	7.1	9.6	6.1
1975—79	10.2	4.2	15.9	7.5	2.9	15.7	8.1
1970-79	8.9	4.9	12.5	9.1	5.0	13.3	7.2
1980-84	11.2	4.5	16.6	3.9	4.4	9.6	7.5
1985-90	3.5	1.5	6.3	1.5	2.7	6.0	3.9
1980-90	7.0	2.9	10.9	2.6	3.5	7.6	5.5
1970-90	7.9	3.8	11.7	5.7	4.2	10.1	6.3

续表

通胀膨胀变化幅度							
1970—74	3.4	0.9	6.0	7.4	1.6	3.5	3.1
1975—79	1.2	1.2	3.5	3.3	2.4	5.8	2.2
1970—79	2.6	1.5	5.6	5.9	3.2	5.6	2.8
1980—84	2.4	1.5	3.8	2.2	1.6	5.2	3.9
1985—90	1.2	1.2	1.5	1.2	1.6	2.2	1.2
1980—90	4.2	2.0	5.8	2.1	1.8	4.2	3.3
1970—90	3.7	2.0	5.9	5.3	2.6	5.6	3.1

注:通货膨胀变化是每季度的通胀数据的标准差

资料来源:Tavlas & Ozeki,IMF(1992)

4.2.3 日本金融市场的纵深发展程度

上世纪70年代中期前,以汇率稳定为基础的出口拉动型经济增长模式,要求对金融市场和资本进行严格管制。日本政府对日元的国际化的相关金融改革一直是不持鼓励态度的。Frankel(1984)认为,一旦开放金融市场,日本的央行认为,外国机构(居民)大量持有日元会影响货币政策对货币供应量的调控,造成汇率的大幅波动。据此,日本央行通过对国内的信贷规模和流向进行严格的管控,对利率实行严格的管制,银行利率通常是低于市场出清的价格。金融系统是严格割裂的,其运行的原则是大量的吸收储蓄,以低于市场的利率贷款,以保证私人企业的借贷需求和国家基础设施建设所需的资金。当时对于资本流动的管制,使金融市场基本不会受到国际需求的干扰。

随着日本被动地进行利率市场化的改革,资本市场也随之同步发展,在上世纪80年代后期的日本,其金融市场已经达到了一定的深度和广度。但是,日本当时的不足仍然表现在金融市场交易的公开和透明度不够,缺乏金融创新,和金融及资本交易的税收制度的落后。

日本金融市场的改革,主要经历了以下几个质的飞跃。

4.2.3.1 行为主体由企业转变为政府

(1)经济萧条,诱发金融市场行为主体的转换。

第一次石油危机后,日本经济增速迅速下滑,企业大量收紧投资。由此,企业对银行的融资需求也迅速下降。随着日本经济进入负增长,日本政府出现了大规模的财政赤字。政府成为净借款人,居民的储蓄此前主要用于对企业的贷款,此时转向为对政府的贷款以缓解财政赤字。在 1975—1982 年间,政府发行的债券增加了 8 倍(从国民生产总的 8%上升到了 32%)。

(2)政府作为贷款主体,客观上推动了日本初级和二级债券市场的迅速发展及金融市场的广度。

在当时,政府发行的长期国债(10 年期),主要由日本国内的大银行联合承销(承销的债券按照规定必须由银行购买并持有一定的时间),造成银行资产中的政府债券部分不断增加。政府出于对自身利益的考虑,协议支付给银行的利率通常都低于市场的利率价格,造成银行的利润损失(Eken,1984)。同时,银行由于受到政府对其利率的管制,无法与市场上的其他非银行机构竞争,开始失去市场份额。银行开始尝试提供其他产品,如可转让大额定期存款(negotiable certificate of deposit)和债券回购市场(bond repurchase market)等。

(3)银行业出于对利益的追求,要求政府进一步实现利率市场化,并开发新的金融产品和市场。

第一个重要的金融市场改革是允许银行二次销售政府债券,从而激发了政府债券的二级市场的庞大需求。此后,政府债券的利率也越来越趋近于二级市场完全由市场决定的利率。日本二级债券市场的迅速发展也促进了日本短期货币市场(gensaki market,政府债券的回购协议市场)和大额定期存款市场的发展。这两个货币工具,是对日本货币市场利率进行定价的最主要工具。

金融市场的放开是从大额货币工具开始的,随后进入了小额货币领域。随后,对资本市场的进一步开放直接影响了日元国际化的进程。

4.2.3.2 开放国内金融市场

日本国内金融市场的改革主要目的是,让更多的国内金融产品以市场利率定价;放松对国内金融体系的管制,鼓励国外金融机构参与日本的金融市场,同时加强银行系统的监管。

这当中有几项比较重要的改革举措,包括 1985 年 6 月,设立了以日本计价的银行票据承兑市场(1—6月期);1985年6月,日本政府可以发行短期国债,并在1986年开始在公开市场拍卖;1987年11月,设立了商业票据市场,主要用于非金融机构的短期融资,并对外国金融机构开放市场准入;1989—1990年间,开设并鼓励金融期货交易,包括日元—美元、欧元—日元外汇期货市场,欧洲美元利率、股指、美国国债的期货市场等。

日本债券市场发展和自由化进程大体以1998年为界分为两个阶段。日本债券市场的主体是政府债券市场,其中最重要的是日本国债(JGB),因此日本国债的收益率也成为日本债券市场的基准收益率。

(1)1998年前

1965年,日本发行了二战后的第一次赤字融资债券。1966年,日本银行的信托资金局(Trust Fund Bureau)开始承销国债。1973年的石油危机迫使日本政府发行更多的国债,由于金融机构无法全部持有,因此1977年,日本开始出现了国债的交易市场。在国债发行的期限结构上,1998年以前,国债发行集中于10年期,虽然政府尝试发行不同期限的国债但并未奏效。日本的国债市场在此期间仍然以10年期国债为主,并不能满足市场多元化的需求,发展滞后,与美国等发达国家的债券市场相比,外国非居民对日本债券市场的参与程度很低。

(2)1998年后

1998年4月,日本启动了被称为"东京版金融大爆炸"的金融自由化改革,债券市场自由化速度明显加快,尤其是1998年日本开始推行明确的日元国际化,并对债券市场进行自由化改革。

1998年后,日本的债券市场自由化和发展主要体现在三个方面:

第一,债券种类和结构趋向多元化。日本国债市场形成了2年期、4年期、5年期、10年期国债以及10年以上超长期国债五种期限结构的完善,反映了不同需求投资者的投资偏好。

第二,债券发行和交易更加市场化。国债发行市场化和竞争拍卖方式进一步发展,并逐渐实现完全的市场化。2006年,辛迪加承销被彻底废除,所有的日本国债发行都通过金融市场交易来完成。2003年1月实现了日本政府债券(JGB)、短期贴现国债(TB)和短期政府债券(FB)的无纸化。日本同时发展了场外交易市场中的交易确认系统或清算系统。在企业债券市场方面,1996年废除了限定公司债券发行企业范围的发债标准,公司债券市场从此开始走上自由化之路。

第三,增加非居民对债券市场投资的改革。1994年,日本全面废除对非居民和外国居住者实施国债利息免税制,尽管与美国、英国相比,免税改革较晚,但仍然吸引了外国投资者参与和持有日本国债,并进一步扩大了日元作为投资货币的国际使用。

4.2.3.3 改革国际金融市场

按照日元资本市场的开放顺序,是开放资本流入后,开放资本流出的。

根据姜波克(2007)的划分,国际金融市场主要由国际货币市场、国际资本市场、外汇市场和黄金市场四个市场组成。其中国际货币市场主要包括欧洲货币市场和短期信贷和证券市场(CP、CD等)。国际资本市场主要包括1年以上的信贷市场(政府信贷和银行信贷)和证券市场。

(1)欧洲日元市场的发展

随着日元国际化地位的提升,新型的欧洲日元市场随之产生,其中伦敦市场的交易量最为显著。欧洲日元市场比日本国内的金融市场有更加宽松的限制措置和更活跃的交易手段。欧洲日元市场发展迅速,甚至成为了国内金融交易受到限制时的交易替代市场。主要交易形态包括货币交易(包括欧洲日元存款、欧洲日元 CD 和欧洲日元贷款)和债券交易(欧洲日元债券和欧洲日元 CP)。由于日元不是一个被普遍使用的货币,很多国家的货币无法直接和日元进行交易或交易成本很高,因此欧洲日元市场成为海外日元集中交易的重要场所,对于日元的国际使用和国际化具有重要的意义。

(2)东京离岸市场的发展

东京离岸市场的构想最早是在1974年提出,并于1986年12月设立的。在日元—美元委员会的报告公布之后,为了进一步推进日元的国际化,日元—美元委员会进一步提议在东京设立离岸金融市场。离岸市场可以吸收非居民的储蓄,不同于国内银行吸收居民储蓄,离岸银行不需要履行银行准备金的要求和其他对居民吸储所接受的限制。设立离岸市场的原因是取消对非居民交易的限制,以增加日元在国际市场上的使用,而不影响对国内银行的监管(Rosenbluth,1989)。同时,东京成为了"世界日元交易中心"(Suzuki,1987)。日本银行在东京离岸市场交易的成本要低于在海外设立分行,从而通过增加欧洲日元的交易以提高日本银行的利润(Suzuki,1987)。东京离岸市场的设立鼓励了日元计价的金融资产的全球供给和需求(Frankel,1984)。

东京离岸金融市场(Japan Offshore Market)建立的目的主要是提高日元资金使用,促进日本银行业的国际运营和发展东京国际金融中心,因此,日本离岸金融市场的建立是日元国际化的重要举措之一。

许祥云(2011)认为东京离岸市场在1986年设立的条件主要有:

第一,日本国内金融机构尤其是国内银行的对外业务和外币业务增加,国内银行要求创建东京离岸市场;

第二,行政当局希望创立离岸市场来作为缓和日本和欧美之间的金融摩擦;

第三,1982年12月纽约IBF(International Banking Facility国际银行业设施)的设立为日本提供了创建离岸金融市场的模式。

东京离岸市场在建立后,持续快速增长。在1990年末,市场的交易额达到了4000亿美元,可以与当时的香港和新加坡的离岸市场相提并论。但当时的东京离岸市场,仍然有一些交易限制,如个人不允许参与、不允许股票交易等(Osugi 1990)。

4.2.3.4 金融市场对日元国际化的进程产生深远影响

日本金融体系受历史束缚改革不彻底。尽管日本的主银行制度和金融系列制捆绑(Financial – Keiretsu Bundling)已经淡出经济舞台,但日本仍然是一个以间接融资为主的经济体系,银行在实体经济融资中仍充当重要的角色。银行同时也持有非金融企业的大量股权,制约着日本金融市场的发展。日本国内银行以及证券公司对金融市场的控制力也对外资构成进入障碍。

日本长期为保护贸易导向型经济,对金融市场被动开放,致使金融市场开放远远落后于日元国际化的需求。日本国内资本市场的发展一直比较落后,很多自由化改革直到90年代中期才进行,增加了日元资产国际使用的交易成本,进而减低了日元的国际使用。

日元离岸市场的日元交易受经济周期和日元币值影响严重。离岸市场建立之初,交易以外币为主,此后日元的交易使用度随着日元币值的稳定而迅速上升。到1998年底,其规模已超过香港、新加坡、纽约成为仅次于伦敦的世界第二大离岸市场。随着日本经济的衰退和受亚洲金融危机的影响,日本离岸市场的规模及日元作为交易货币的使用度都在1997年后明显下降。

日本长期的"零利率"及汇率水平的无方向性,很难构筑外国投资者信心,只能刺激日元"利差交易"。

4.2.4 网络外部性对日元国际化的延长效应

如前所述,由于强大的以美元为中心的国际货币体系的存在,使日元在贸易、投资领域均陷入无法摆脱美元的困境。对美元的路径依赖,不仅阻挡日元国际化的进程,对任何新生的国际货币,都将受到同样的阻碍。同时,由于路径依赖的存在,在上世纪90年代初,日本陷入经济萎缩期时,日元的国际化使用没有马上发生逆转,反而在上世纪90年代前期出现了日元国际储备的高峰,一度达到国际储备的9%。

综上所述,从以上对于日元国际化的几大决定性因素来分析,可以看出:

日本在上世纪80年代对通货膨胀的有效控制,赢得了世界对日元币值稳定和日本货币政策有效性的信心;90年代及后期对通货膨胀(紧缩)及币值稳定性的失控,也成为了日元国际化进程就此失败的决定性因素之一;

日本金融市场的开放,对资本项目的自由化改革,刺激了国际投资者对于日元资产的需求,有效提供了国际日元投资和回流的渠道;

日本出口占世界出口份额的增加,日本出口中差异化产品份额的增加和日本对发展中国家(亚洲)出口份额的增加,直接增长了日元在国际贸易中作为计价和结算货币的份额;

日本经济的发展是日元国际化的基础,同样由于日本经济的衰退,日元国际化就此告一段落。

同时,由于日本货币政策对通货膨胀的有效调控实施,启动时间较晚。日本的金融市场改革,较其他工业化国家来说也较晚。最重要的是,日本的经济在资产泡沫破裂后,走向了经济"失去的十年",这些因素也最终成为日元国际化没有走向成功的决定性因素。

4.3 人民币的国际化：货币国际化的决定因素

4.3.1 经济体量

以下图表证明，按 Submarinian(2011)对国际货币的决定因素的实证研究所得出的各决定因素的相对权重来分析，中国经济的综合体量指数，在 2010 年已经超过了美国。

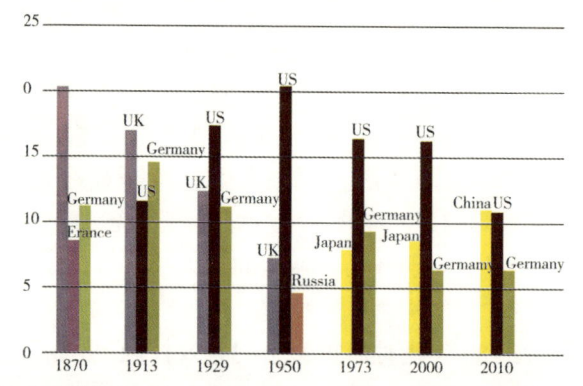

数据来源：指数是每个国家的 GDP、贸易和国际资本净输出占世界比重的加权平均值。对于国际债权国，该指数值在 0—100% 之间；对与国际债务国来说，该指数可能为负数。贸易的国际比重占该指数 0.6 的权重；GDP 占 0.35 的权重(其中一半为名义 GDP 比重，另一半为 PPP 汇率下的 GDP 比重)；资本净输出的权重为 0.05。这个权重的分配是根据 submarinian(2011)对国际货币的影响因素的比重的研究。

资料来源：Arvind Subramanian(2011) renminbi rules:the conditional imminence of the reserve currency transition

图 4-1　各国出口份额比重

按照 Subramanian 上述结论中所依据的三个宏观经济体量数据，只能负责解释 70%一国货币成为国际货币的原因。另外 30% 的原因中包括对现有国际货币的路径依赖、金融市场的发达程度等因素来解释。

4.3.2 网络的外部性

克鲁格曼(1984)认为国际货币的使用惯性是令人震惊的。在英国已经不再是世界经济的霸主半个世纪后,英镑仍然保持着世界货币的霸主地位。

Eichengreen & Flandreau(2010)针对国际货币的路径依赖问题提出了三个"新观点"。他们认为学术界现认为的对国际中心货币所产生的路径依赖,其作用是夸大的。现有的学术界的观点主要是从上世纪美元取代英镑成为世界中心货币的历史中汲取的结论。传统的观点认为,美国在成为第一经济大国后,用了超过 60 年的时间,才使美元成为世界中心货币。英镑在英国经济地位下滑后,仍然保持了长时间的国际中心货币的地位,是有所夸大的。美国在 19 世纪 70 年代已经超越了英国的 GDP,但是在上世纪 29 年,英国的外贸出口绝对额仍然高于美国,在上世纪 20 年代中期,英国仍然是世界第一大债权国。所以美国在贸易和金融领域超越了英国,大约是在一战结束后。美元随即在上世纪 20 年代超越了英镑成为世界中心货币。可见,从美国的经济称霸到货币称霸,没有传统观点所认为的用了 60 多年的时间,而实际上只用了 10 年左右的时间。

其次,"新观点"提出,传统学术界的观点认为国际中心货币只能有一个,也是错误的。这一观点,为国际货币体系的多极化,提供了新的理论基础。

在上世纪直至二战结束后,国际货币体系从来没有一个时间段是只有一种世界中心货币的。Lindert(1969)所做的实证证实,在一战以前,英镑占世界货币的中心地位,但是在 1913 年,英镑仅占当时国际货币储备的 38%,法国法郎占 24%,德国马克占 13%。1899 年,英镑占 43%,法国法郎占 11%,德国马克占 10%。非英镑的国际货币储备多发生在与法国或德国贸易和商业联系较为密切的地区。

再次,"新观点"认为,国际中心货币的地位一旦失去就不可复得,也是错误的。在一战与二战之间,美元作为国际货币第一次开始崭露头脚。在这段时期,英镑与美元大致在国际货币储备中比重相当。在上世纪 20 年代中,美元的地位超过了英镑(Eichengreen & Flandreau,2008),随之,英镑又再次取代美元的地位。1931 年,英镑被迫脱离的金本位,英镑的国际地位下降,当美元脱离金本位后,英镑又恢复了主导地位。在1945年建立了布雷顿森林体系后,美元成为实际的独一无二的国际中心货币。这段两次世界大战之间的国际货币交替的历史,有它特殊的政治历史性。英国作为当时仍然强大的殖民国家,在1932年的渥太华会议上,确认了英联邦和英属殖民地国家的优先贸易条款,在1930年代末,英镑货币区得到了正式确立。英联邦的政治优势,延长了英镑的国际中心货币地位的历史。所以,在美国成为全球经济霸主后,美元取代英镑成为全球货币霸主的时间,比传统的60余年的观点要短得多,而实际上"新观点"认为是在10年左右(1919—1920年代末)。

今天,在讨论人民币国际化时所面临的国际货币对美元的路径依赖问题时,与传统意义上美元对英镑货币替代的历史,有两个关键的不同。

首先,在美元对英镑的货币替代时,美国的资本账户是开放的,中国的资本账户仍然是不完全开放的。在今天的超级复杂的全球金融市场一体化局面下,人民币仍然不可完全自由兑换。如果人民币成为世界主要国际货币,中国国内金融市场的深度和广度都还不足以承载国际货币的流通、支付、兑换的实力。

另一个关键的不同点,就是英国与美国一直是西方世界的同盟。两国政府在经济和货币地位转换的过程中,会自觉地、一致地最小化对英国及对世界经济和金融的冲击,尽量降低货币转换对英国经济造成的成本(Schenk,2010)。这些措施也包括当时其他国家的央行对英国国债的购买,以保持英镑币值的稳定。今天,在人民币的国际化过程中,如果发生对美元的货币替代,很难预测在美国与中国两个大国之间,政府是否可以一致地行动,以保证两国在货币替代过程中的最小冲击。同时,今天的国际金融市场的复杂程度,远非上世纪30年代可以相比。今天金融市场庞大的民间资本移动,不受任何政府的主宰。市场受到政府和私人投资者的行为的影响,政府对市场变化的控制能力也受到了限制。

依据以上两点的不同,在定量研究路径依赖对人民币国际化的产生的影响及其显著性的时候,不能够完全依照美元取代英镑的历史,作出简单的推测。

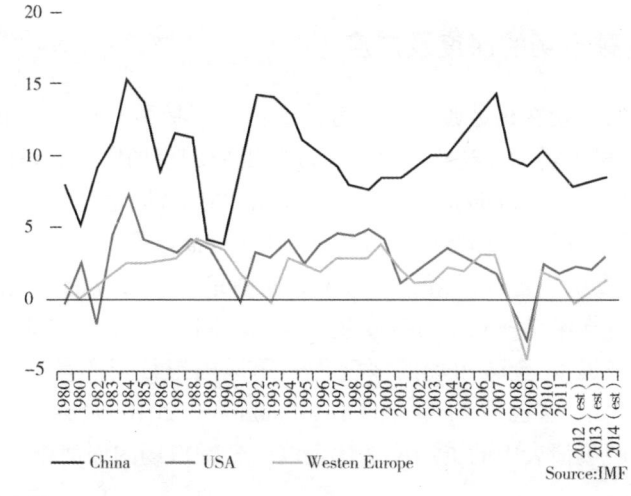

数据来源：IMF

图 4-2　名义 GDP 变动及预测分析

4.3.3 币值的稳定性及温和通货膨胀

拥有国际货币的国家，要想全球提供具有稳定币值额货币和充分的流动性。投资者希望该货币的币值稳定，并且该国的通货膨胀温和且波动幅度小。在学术界的实证研究中，对于币值的稳定性及温和的通货膨胀因素，与一国货币成为国际货币存在正相关关系不存在异议。

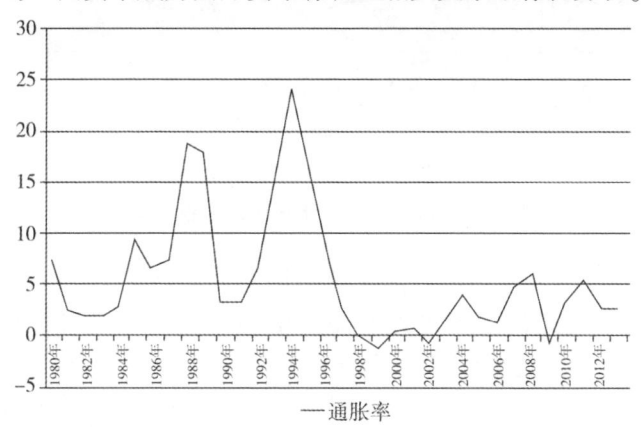

数据来源：国家统计局

图 4-3　1980—2012 年中国通货膨胀率

4.3.4 金融市场的深度及广度

资产的流动性充足通常被认为是进行投资货币选择时的重要决定因素,而金融市场的发达程度是一个非常重要的市场资金流动性充足与否的决定性因素。Eichengreen & Flandreau(2010)通过计量模型证明了在美元取代英镑成为国际中心货币的过程中,金融市场的深度和发达程度,是最重要的决定性因素。但对于如何衡量金融市场的深度和广度,目前还没有学术界一致认可的变量。Schularick & Tayler 在即将发表的研究报告中提出,金融市场的深度将采用该国银行资产量与该国 GDP 的比率来表示,这也与 Eichengreen & Flandreau(2010)所认为的由该国银行的资产负债表中的资产项来代表该国金融市场的深度相一致。

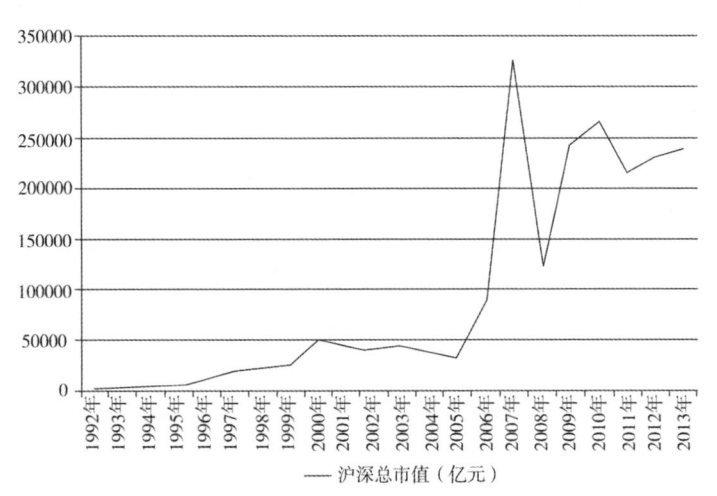

数据来源:国家统计局网站

图 4-4 1992-2013 年沪深总市值(亿元)

综上所述,人民币的国际化道路可谓显而易见,因为决定人民币国际化的宏观经济因素已经具备。中国今天已经具备世界第一大贸易体、第二大经济体,第一大外汇储备国的实力。同时,中国金融市场的深度、广度还不足以支撑人民币作为国际货币需要履行的可兑换、高度流动性的职责。人民币币值的稳中有升,与日元国际化积极挺进时期的状况极其相似,其在有助于人民币国际化的同时,也增加了对人民币短期的投机兴趣,并增加了金融危机产生的风险。

最重要的是,通过对路径依赖的"新观点"的研究可以看出,如果以美元作为世界中心货币的路径依赖作为实证研究,人民币成为国际货币会经历10—20年的滞后期。在人民币国际化的过程中,不是与美元或其他世界货币的零合博弈,世界货币的职责并非只能由一种货币充当。新产生的世界货币,并不一定完全取代固有的世界货币,两者或多者可以共同发展,共同发挥作用,尤其是在各自区域经济一体化的进程中,发挥更加独特的作用。即使在世界货币相互竞争,产生货币替代的时候,结果也未必是不可逆转的。

并且,我们需要认识到,人民币国际化过程中所产生的货币替代,会是一次对西方经济体系及金融货币格局的挑战,这种挑战,并没有上世纪西方经济体系内部的货币替代所发生时,自然而然产生的对彼此的经济的损失程度的保护。这次可能发生的世界货币格局的改变,可能会产生前所未见的摩擦,是不可实证检验的。

总之,人民币在国际化的过程中,还需要进一步深化金融市场的发展,保持通货膨胀和汇率的稳定,更重要的是,保证经济平稳并以较为健康的速度发展。要达到以上的目标,人民币国际化目前还仍然受到几个经济条件的约束:资本项目实现可自由兑换,利率和汇率市场化以及金融市场向纵深的发展。

4.4 人民币国际化进程的实证分析

目前,人民币已经在中国对外贸易中得到了广泛的应用,但是与当前国际金融市场上公认的国际货币——美元、欧元、日元和英镑相比,我们必须承认,人民币无论是作为支付手段、计价单位抑或是储备货币都是有很大差距的。这其中部分原因是货币的国际化与资本项目可兑换是密切相关的,而中国的资本项目并未完全开放。但是随着中国金融体制改革的逐步发展和中国对外开放程度的不断深化,人民币的国际化程度必然会随之提高。就目前而言,尽管人民币并未完全实现自由兑换,但是其在中国境外尤其是东亚诸国中早已实现了流通。在与部分国家的贸易中,人民币已经作为交易货币被使用。一些中国周边的国家也接受人民币作为结算货币,而在某些国家,人民币甚至能够起到替代该国货币的作用。而且随着人民币离岸市场的发展和人民币债券的海外发行,人民币的流通范围还在不断扩大。2010年,马来西亚买入中国国债作为外汇储备,使其成为第一个将人民币作为外汇储备的国家。这也体现了人民币作为储备货币的职能已经初现端倪。因此,人民币的国际化不仅能够满足中国的需要,也满足了世界其他国家的需求。而本文从储备货币的角度来对货币的国际化进行分析。本章节通过建立计量模型,对一国货币成为储备货币的决定因素进行分析,并在该模型的基础上结合当前形势,对人民币的国际化需求进行预测分析。

4.4.1 国际货币影响因素综述

在关于影响储备货币的相关因素的研究中,Heller&Knight(1978)对影响一国储备货币的结构的诸多因素进行了回归分析。他们认为,储备货币的结构主要受该国的贸易结构和其汇率制度影响。Dooley(1989)对一个国家选择何种货币作为外汇储备的影响因素进行了实证分析,并认为一国的外债结构、汇率制度和其贸易对象是影响该国外汇储备选择的决定性因素。而Eichengreen&Mathieson(2000)认为除了Dooley(1998)提到的三个因素外,一个国家选择外汇储备带来的收益和资本项目的开放程度,也对该国选择何种货币成为储备货币产生了重要影响。而Roger(1993)提出了不同的观点,他认为对外汇市场的干预是影响外汇储备货币选择的主要原因,而非如资产选择理论里描述的从收益和风险的角度来解释储备货币多元化。Menzie Chinn &Jeffrey Frankel(2007)的研究表明,一国的经济实力、汇率稳定程度、通货膨胀率和该国金融市场的发达程度是影响该国货币在国际储备中占比的主要因素。他们的主要研究方法是在假设美元持续贬值而且包括英国在内的欧盟其他成员国加入欧元的前提下,通过对1973年至1998年这26年间世界各国中央银行外汇储备的结构变化进行计量模型分析。他们认为在2022年之前,欧元将会超过美元,成为国际储备中占比最高的货币。

关于影响一国货币成为国际货币的其他因素,Bergsten(1975)认为强大的经济实力和政治基础是一国货币成为国际货币必不可少的条件。Tavlas(1997)认为,稳定的政治因素、发达开放的资本市场和较大的对外贸易额(主要是出口)是一国货币能够成为国际货币的三个主要条件。

　　国内学者关于人民币国际化的研究起源于上世纪 80 年代，但是早期的研究多是分析如何开放资本项目实现自由兑换的研究。另外，由于日元和人民币的相似性，许多学者选择用日元的使用经验来对人民币的国际化道路进行分析。徐明棋（2005）通过对日元国际化的经验教训进行分析，认为资本项目自由兑换、币值稳定、强大的经济实力和具有一定规模的健全的金融市场体系是人民币国际化的先决条件，并且分析了人民币走区域化道路的必然性。对于人民币的国际化道路，张宇燕（2008）认为拥有国际货币地位可以给货币发行国带来现实的铸币税和金融服务收入，而人民币应该选择亚洲货币合作机制来推行区域国际化的道路。李稻葵（2008）则认为，人民币如果走区域化道路可能受制于日元，故而人民币的国际化应该走"两轨制"，即一方面在国内渐进的推进资本项目可兑换，一方面在境外（尤其是香港）发展离岸市场。

　　基于 Chinn&Frankel(2007)模型的基础上，李稻葵（2008）从国际储备的币种构成、两国贸易结算的币种结构、国际债券中的币种结构三个角度进行计量分析。结果显示：1. 货币发行国必须要有强大的经济实力来支持其货币成为国际货币，而且有竞争力的经济体相对其他决定因素而言更加重要；2. 稳定的币值和升值潜力有助于一国货币被储存；3. 从国际储备角度来看，对外贸易赤字严重的经济体的货币被储存的比重高；而从国际贸易角度来看，美国长期的贸易赤字降低了美元的国际化水平；4. 欧元的诞生没有对国际储备币种结构产生影响。他又对人民币的国际化进行预测，得出结论：人民币可能存在的国际化需求是巨大的。到 2020 年，人民币在国际储备和国际贸易中的比重可能达到接近 20%，而且在国际贸易中所占的比重也会提升。高海红和余永定（2010）认为在金融危机后全球经济失衡的大环境下，货币多元化的趋势不可避免。而货币的自由兑换、汇率和利率的灵活程度、金融市场的自由化和发展深度以及人民币的区域化发展，都是推动人民币走向国际化的关键因素。

　　由以上文献可以看出，关于货币国际化的实证性研究多是从国际储备角度分析欧元对美元地位的挑战，而且结论各有不同。而对人民币的研究或者是缺少定量的分析，或者是数据过时、基本假设与当前现实不符合。而本文的主要贡献是从国际储备货币的角度对货币的国际化进行深入的分析。结合当前国际国内形势,应对开放资本项目后的人民币未来的国际化程度进行预测,并提出切实有效的政策和建议。

4.4.2 数据和计量研究

4.4.2.1 研究模型与数据

我们知道,价值储备是货币的三大职能之一,一国货币被世界其他国家或地区作为外汇储备的数量代表着该货币的国际化水平。为分析一国货币作为国家储备货币地位的决定因素,我们构建了如下模型:

$$(1)\ \ln\left\{\frac{StoreShare_{it}}{1-StoreShare_{it}}\right\} = \alpha + \beta_1 * RealInterest_{it} + \beta_3 * Inflation_{it} + \beta_4 * Variation_{it} + \beta_5 * Depreciation_{it} + \varepsilon_{it}$$

公式(1)中,$StoreShare_{it}$表示 i($i=1,2,3,4\cdots\cdots$)国货币(依次代表美元、欧元、日元、马克、法郎和英镑等)在 t 年时作为国际储备占世界外汇储备的比重,由于该比率为 0 到 1 之间的实数,对其做线性回归会导致估计的值超出【0,1】区间,我们对其进行了 logistic 变换,容易看出 logistic 变换保持了原来比率的序关系而且把取值区间拓展到了($-\infty$,$+\infty$),这样很好地满足了线性回归的要求。

$Gdpration_{it}$为 i 国或地区在 t 年时间内 GDP 占世界总 GDP 的比重,添加该自变量是用来衡量一国的经济实力是否有助于该国货币成为国际储备货币。我们知道,国际资本流动有三个影响因素,即国内真实利率、货币购买力和资本项目管制,而国际资本的流动正是推动一国货币成为国际货币的主要力量,所以我们选取了 $RealInterest_{it}$(i 国或地区在 t 年的国内真实利率)、$Depreciation_{it}$(i 国货币在 t 年的贬值水平)和 $Inflation_{it}$(i 国或地区在 t 年的通货膨胀率,根据购买力平价理论,汇率和通胀正是影响货币币值的两个因素)作为备选的自变量。$Variation_{it}$表示的是 i 国货币汇率在 t 年的波动性,币值的稳定可以增强货币持有者的信心,这有利于该货币的国际化。

我们考察的货币包括美元、日元、欧元、英镑、马克、法郎,数据区间为 1995 年至 2013 年,其中,由于欧元的诞生,马克和法郎只有 1996 年至 1999 年的数据,欧元也只选取了 2001 年以后的数据,所有的数据都来自 IMF 报告。各国 GDP 及世界总 GDP 额也为 1995 年至 2013 年的年度数据,数据来自 World Bank 官网。汇率数据为 1995 年至 2013 年的日数据,由此可以间接算出货币贬值和汇率波动性指标,数据来自 Wind 数据库。通货膨胀和利率数据同样来自 Wind 数据库,数据区间也是 1995 年至 2013 年。按照资本流动影响因素理论,资本项目管制也应纳为自变量,但由于其难以量化计量且所考察的国家基本都实行了资本项目开放,此处暂且忽略了该指标。

4.4.2.2 计量过程与结果

首先,可以看一下 1995 年至 2013 年间各种货币作为外汇储备的比重,如图 4-5:

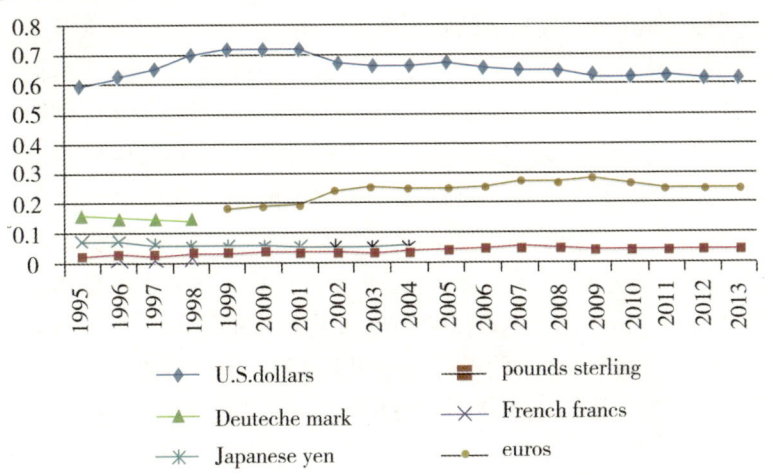

数据来源:IMF

图 4-5 1995 年至 2013 年国际储备货币结构图

上图显示出在国际储备货币中美元占据着绝对的主导地位,在 2000 年左右其比重达到峰值,超过了 70%,其后一直处于微弱的下降趋势中,到 2013 年,国际储备比重已经下降到 60%。欧元从 1999 年诞生开始,其比重就一直强势上升,但这种趋势并没有继续下去,2008 年金融危机后其比重开始下降,到 2013 年比重只有 24%。日元和英镑比重都比较低,两者最后比重都稳定在 5% 以下。

为了探究这种国际储备比重分布结构和变化趋势的动因,我们对公式(1)进行了计量分析,结果如表:

表 4 - 2　国际储备货币地位影响因素回归分析

Intercept	GDPRatio	Interest	Inflation	Variation	Depreciation	Adj_R2
-4.2042 ＊＊＊ (0.2143)	15.1264 ＊＊＊ (0.8939)	-0.004 (0.0402)	0.2728 ＊＊＊ (0.0621)	-7.7148 ＊ (4.1421)	0.6307 (1.1715)	0.8484

＊＊＊ significant at 10%；＊＊ significant at 5%；＊ significant at 1%

通过回归结果可以得出如下结论：

(1)一国 GDP 占世界总 GDP 的比重与该国货币作为国际货币的使用程度具有显著的正相关性。一国经济体量的大小在此计量模型中,对该国货币的国际使用程度的作用是最大的。

(2)同时,一国汇率的稳定性对该国货币的国际化使用也有显著的正相关性(即波动系数与该国货币国际储备份额的显著负相关性)。

(3)计量结果显示,通货膨胀对货币的国际储备份额呈弱正相关性。从理论上讲,通货膨胀过高将导致该国货币失去作为国际储备货币的吸引力,进而导致该国货币国际储备份额降低。但是,1995—2003 年期间,美国的通货膨胀率一直保持在 3% 上下,且美元的国际储备地位稳定,可以认为在此历史时期,两者呈若正相关性。同时,欧元区的通胀率也很温和,并总体呈下降趋势,这也与欧元的国际储备份额稍呈下降趋势吻合。Chinn & Frankel(2007)通过对通货膨胀与一国货币的国际化程度的计量分析,得出两者的线性相关系数在 0.07 与 0.14 之间。所以温和的通货膨胀与该国货币储备份额呈弱正相关是可以理解的。

(4)真实汇率水平与该国货币的国际化程度并没有显著的相关性,这可能与本模型数据选取的时间节点有关。自 2000 年后,美国持续使用宽松的货币政策,甚至在 2007 年全球金融危机后使用了几乎零利率的货币政策,而美元一直保持着 60% 以上的国际储备份额,同时期,发达国家普遍进入了经济危机下的低利率或零利率的货币政策环境,但如图 4—5 可见,同期发达国家的货币储备份额保持了相对稳定,并出现显著的相互替代,也为由新兴国家的货币所取代。所以在这段数据选取的历史时期,真实利率与该国货币的国际储备份额的弱相关性是可以理解的。

(5)在计量结果中,货币贬值与该国货币的国际储备份额没有显著的相关性。在数据选取时期,国际储备货币份额最大的美元处于总体的贬值趋势,但是其国际货币的使用份额并没有减弱。如果按照国际货币的决定因素理论,对于新兴的国际货币,货币贬值是应该削弱其国际储备货币地位的。到目前为止,美元仍然是一个特例。

综上所述,一国的 GDP 比重,即其经济实力,对该国货币成为国际储备货币有着显著的推动力。同时,一国货币汇率的稳定对该货币的国际化也有显著的正面影响,这些与我们的猜测是相吻合的。如上分析,通货膨胀对货币的国际储备地位也具有弱性的正面影响,而货币贬值和真实利率在此则不具备显著性的影响。

(6)同时,我们检查了回归方程的稳健性指标,发现方程不存在显著的异方差性和复共线性,而且,从表 4-2 可知,回归方程调整后的 R2 为 0.8484,所以该回归结果具有良好的有效性。

由于货币贬值和真实利率不具备显著性影响,我们利用统计手段对自变量进行了筛选处理,得到的结果如表 4-3:

表 4-3　国际储备货币地位影响因素回归分析(变量筛选后)

Intercept	GDPRatio	Inflation	Variation	Adj_R2
-4.2190 * * *	15.1036 * * *	0.2791 * * *	-7.5848 *	0.8587
(0.1961)	(0.8553)	(0.0603)	(4.0791)	

对比表 4-2 和表 4-3 我们可以看出,剔除自变量后,两个方程的系数非常相近,这也说明了回归方程的稳健性。

4.4.2.3 人民币国际化的预测和情景分析

(1)资本项目开放的假设下人民币国际储备比重分析

由于中国资本项目至今未完全开放,人民币作为其他国家外汇储备的比重几乎为零,长期以来也没有官方对人民币国际储备的比重进行统计。表 4—2 是基于资本项目完全开放下做的回归,我们不妨假设中国资本项目开放程度已经较高,然后我们利用表 4-3 的方程对人民币国际储备比重进行模型估计,这样我们可以测算资本项目开放政策对人民币国际化的影响力。预测结果如表 4-4:

表 4-4　资本项目开放假设下人民币国际储备份额估计

Year	Inflation	Variation	GDPRatio	LogForcast	RmbStore
2013	2.6333	0.0089	0.1184	-1.7628	0.1464

从表4－4可以看出,如果中国进一步推进资本项目开放,使其达到欧美发达国家水平,人民币作为国际储备货币的比重可以达到14.64%,成为仅次于美元和欧元的国际货币。可现实是,根据中国银行伦敦分行的报告,2013年,人民币作为国际储备货币所占的份额仅为4.1%,远低于资本项目充分开放下的储备份额,这说明进一步开放资本项目对推进人民币国际化具有重大意义。

(2)不同经济情形下人民币国际化水平的预测

从上面的分析中我们已经可以看到,如果我国充分开发资本项目,中国当前的经济实力就可以支撑人民币成为全球第三大储备货币。进一步来讲,我们希望做出更合理的假设,以期望对人民币国际化提供一些政策建议。

首先,我们假设中国在未来10年会充分放开资本项目。接着,我们做出如下的假设:

第一,2014年至2030年全球经济增长速度为3.5%,除去中国剩下GDP的份额结构保持不变,即各国所占剩余GDP的比重保持不变。

第二,2014年至2030年其他经济变量与2013年相同,即汇率波动程度和通胀水平保持在2013年水平(通过观察数据,我们发现各国的这两个指标相对稳定,这样的假设是合理的)。

第三,我们对中国在2014年至2030年的GDP平均增长速度做出三种情况的假设。情形一假设中国GDP增长均速为5%,情形二和情形三分别为7%和9%。

根据我们的假设和已知回归方程,我们算出了三种情形下,到2030年时全球主要货币份额,如表4－5:

表4－5 不同情形下2030年全球主要货币份额预测

	美元	欧元	日元	英镑	人民币
情形一	0.3418	0.1684	0.0416	0.0417	0.2197
情形二	0.2948	0.1474	0.0385	0.0404	0.4005
情形三	0.2379	0.1227	0.0348	0.0388	0.6816

从表4－5中我们可以看到,当中国未来17年GDP保持平均7%及

以上的增长速度时,到2030年,人民币国际储备份额已经远远超过了美元,成为全球第一储备货币。如果不幸的是,未来17年中国只能保持5%的经济增速,在其他方面假设不变的情况下,中国在2030年还是能成为仅次于美元的第二大储备货币。

同时,无论中国经济的未来增速如何,英镑与日元将仍然保持相对稳定的5%以下的国际储备货币份额。人民币在未来15年将主要取代美元及欧元在世界储备货币中的份额。无论中国经济的发展速度如何,欧元在2030年预测的国际储备份额均将在20%以下,其失去的份额应该被人民币取代。

由上面的分析我们可以看出,中国的资本项目进一步开放和持续的强劲经济增长将会使人民币快速成为全球主导储备货币,或者成为国际货币的主要推动力。

4.4.3 实证分析结论

综上所述,本文选取的是1995年至2013年全球主要储备货币的比重数据及其对应经济体的宏观经济数据,我们先对储备比重数据进行了Logistic变换,然后对数据进行回归计量分析。结果显示,一国GDP、通货膨胀水平和汇率的稳定性对其货币的国际储备地位有显著的正面影响。通过变量筛选技术,我们得出了剔除掉无关自变量后的储备比重回归方程,通过对比变量筛选前后的方程以及计算回归稳健性指标,我们可以确信预测模型的有效性。在假设中国已经充分放开了资本项目的情况下,我们用上面的预测模型估计了2013年人民币国际储备的理论比重,预测发现,中国2013年的经济实力可以支撑人民币储备份额达到14.64%,而根据中国银行伦敦分行的报告,2013年人民币的国际储备的比重仅为4.1%。这充分说明了进一步开放资本项目的巨大政策收益。进一步来讲,我们对2013年至2030年的各种经济状况作了情景模拟,结果发现,中国资本项目开放以及强劲的经济增长将促使人民币在2030年成为全球第一或第二位的国际储备货币。最后,根据上述计量结果,本文提出了完善金融市场、提高人民币的跨境使用和进一步开放资本项目等政策建议。

5 国际货币职能与中日货币国际化进程

关于国际货币的概念,Cohen(1971)是第一个从货币职能的角度来进行解释的。他认为本国的货币职能扩展到境外并被普遍接受,该货币就成为国际货币。而 Hartmann(1998)在 Cohen(1971)的基础上对国际货币的职能给出了明确的划分:支付手段、计价单位和价值储藏。其中,支付手段职能一方面是指在国际商品贸易或者金融交易中被用作直接的交易货币,另一方面是指该货币被国家用于调节外汇市场、平衡国际收支的手段。计价单位职能一方面是指该货币用于国际贸易和金融交易中的记账单位,另一方面是指被其他国家用于确定汇率水平,即成为锚货币。而价值储藏职能是指作为储备货币被其他国家所选择。

5.1 日元国际货币职能的评价

5.1.1 国际贸易中作为计价货币的程度

这里采用对外贸易中作为计价货币的比率来衡量日元作为计价单位的程度。

据统计,在上世纪70年代,日本的对外贸易中,日元在进口中作为计价货币的比例只有0.9%,在出口中也只有0.3%。随着日元的国际化,在日本的进出口贸易中,日元作为计价货币的比重也在不断加大。根据《大藏省国际金融局年报》中的统计显示,在1979年,日元在出口贸易中作为计价货币的比重为24.9%。而根据日本财务省的最近统计显示,2013年,这一比例已经上升到35.6%。而在1979年,日元作为进口贸易中计价货币的比重只有2.4%,而这一比例在2013年已经上升到了20.6%。但由图5-1和图5-2可以看出,虽然在进出口贸易中,日元作为计价货币的比重都有所上升,但是从国际比较来看,这一指标距离美国、欧元区还是有一段距离的。

由表5-1可见,美国使用本币计价的比例最高,出口能达到95%

以上,进口也能够达到85%以上;而德国、法国等欧元区国家,使用本币计价的比例也很高,出口贸易中基本都在50%以上,而进口贸易中也在一半左右,这些指标都远远高于日元。另外,根据 IMF 最新的统计数据,日本的进口规模占世界贸易总额的4.7%,出口规模占世界贸易总额的4.3%。考虑到进出口中使用日元的比重,可以大致推算出日元在国际进出口贸易中作为计价货币的比重分别为0.97%和1.53%。由此可见,日元作为计价单位这一职能被世界所接受的程度并不高。

表5-1 各国出口贸易中以本币结算的比例(单位:%)

	出口贸易							
	1980	1988	1995	1996	1997	1999	2002	2006
美国	97	96	92	98	N/A	N/A	95	95
德国	82	79	75	76	73	N/A	71	61
日本	29	34	36	36	36	N/A	35	40
英国	76	57	N/A	62	N/A	52	N/A	51
法国	63	59	N/A	52	49	50	56	53
意大利	36	38	N/A	40	38	42	N/A	60

数据来源:Goldberg and Tille (2005), Kamps(2006),日本经济产业省
注:德国、法国和意大利的2002年以后的数据中,本币为欧元

表5-2 各国进口贸易中以本币结算的比例(单位:%)

	进口贸易							
	1980	1988	1995	1996	1997	1999	2002	
美国	85	85	80	88	N/A	N/A	85	
德国	43	53	52	53	51	N/A	73	

数据来源:Goldberg and Tille (2005), Kamps(2006),日本经济产业省
注:德国、法国和意大利的2002年以后的数据中,本币为欧元

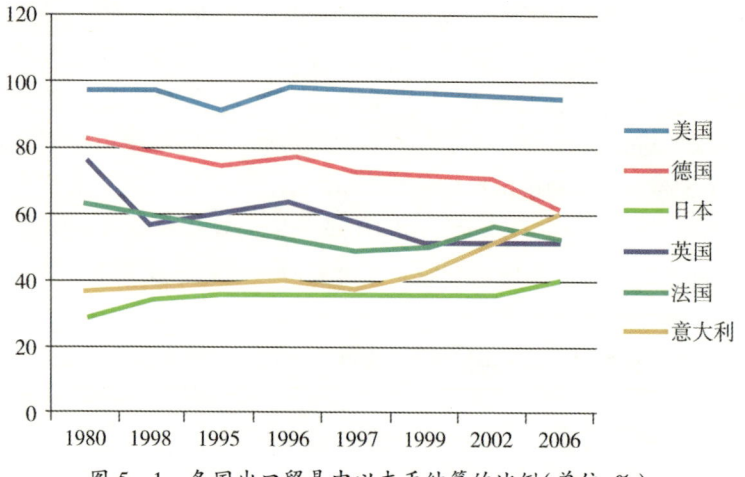

图 5-1　各国出口贸易中以本币结算的比例（单位:%）

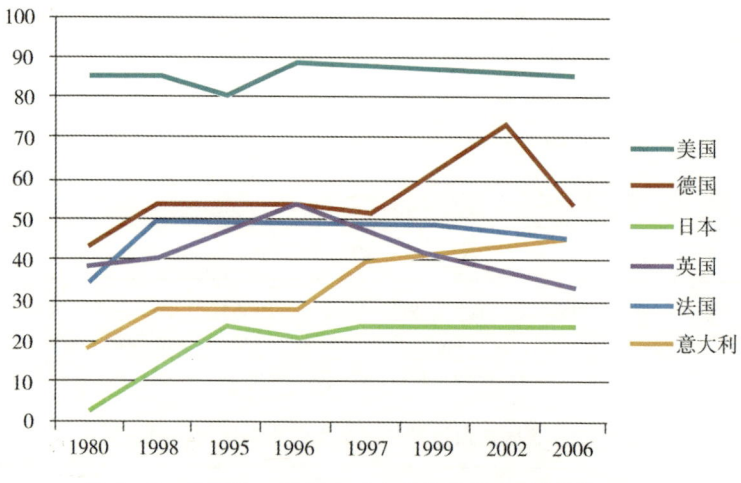

图 5-2　各国进口贸易中以本币结算的比例（单位:%）

表 5-3　日元在进口贸易中作为计价货币的比重（单位:%）

年份	2000	2001	2002	2003	2004	2005	2006
比重	23.5	23.4	24.85	24.95	24.55	23.1	21.25
年份	2007	2008	2009	2010	2011	2012	2013
比重	21.15	20.9	24.4	23.6	23.15	22.45	20.6

数据来源:日本财务省

表 5-4 日元在出口贸易中作为计价货币的比重(单位:%)

年份	2000	2001	2002	2003	2004	2005	2006
比重	36.1	34.9	35.8	38.85	40.1	38.85	37.8
年份	2007	2008	2009	2010	2011	2012	2013
比重	38.3	39.85	39.85	41	41.25	39.4	35.6

数据来源:日本财务省

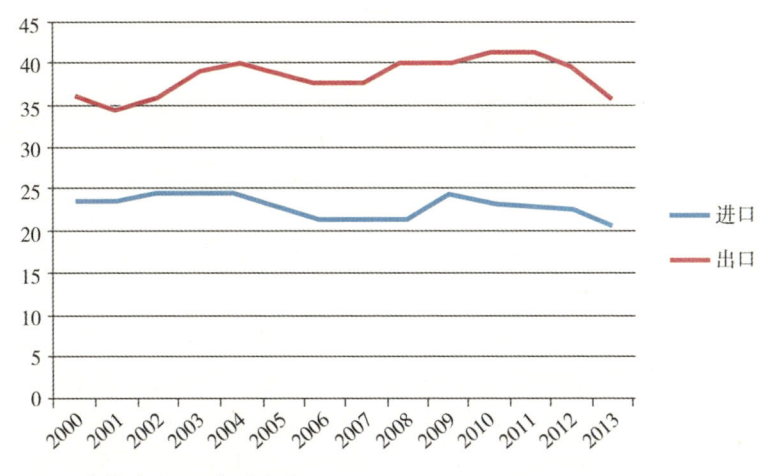

数据来源:日本财务省

图 5-3 日元在进出口贸易中作为计价货币的比重(单位:%)

5.1.1.1 从国际贸易总额来分析

日本出口日元计价从 1980 年的 29% 增加到 1990 年的 37.5%,在日元国际化的过程中基本维持在 35%—40% 之间;日本出口中,美元计价在上世纪 80 年代后期,一直保持在 50% 左右,美元计价高于出口中的日元计价。

相比而言,日本进口项下以日元计价的比率则较低,虽然进口中用日元计价的占比一直有所增高,从 1975 年的不到 1%,增加到 1990 年的 14%,到 2011 年 6 月,也仅为 23.2%。进口中的美元计价从 1986 年的 83% 也仅下降到 1990 年的 76%,美元成为日本进口中的最主要计价货币。

表 5-5 日本进出口贸易中,日元计价的占比(1975—1990 年间)

	1975	1980	1983	1986	1987	1988	1989	1990
出口								
日元	17.5	29.4	40.5	35.5	34.7	34.3	34.7	37.5
其他	82.5	70.6	59.5	64.5	65.3	65.7	65.3	62.5
当中:美元				54.2	55.6	53.2	52.4	48.8
进口								
日元	0.9	2.4	3	9.7	11.6	13.3	14.1	14.4
其他	99.1	97.6	97	90.3	88.4	86.7	85.9	85.6
当中:美元				83.2	80.5	78.5	77.3	75.9

资料来源:日本财政部,年度报表

5.1.1.2 从日本的贸易目的地来分析

在上世纪 80 年代,日本出口在世界出口总量,和在对发展中国家出口额的占比中,绝对增长幅度高于任何其他工业化国家。尽管发展中国家出口的绝对值在增长,相对于对发达国家出口来说,日本对亚洲市场的出口呈先升后降的趋势,1980 年,亚洲市场占日本出口和进口均在 21% 左右,到了 1990 年,亚洲市场占日本出口的 26%,进口的 29%。1980 年,美国占日本出口的 25%,到 1990 年,比重增加到了 32%。由于美国 80% 以上的进口都是用美元标价,所以,对美国出口的大幅增加实际上抑制了日元在国际贸易中的计价作用。最后,日本对发展中国家(亚洲外)的出口和进口,在 1980—1990 年期间,均呈下降趋势。由此可见:

第一,在对美国的贸易中,日元几乎没有被用作计价货币;

第二,在对亚洲的出口贸易中,几乎一半的日本出口都以日元计价。在对亚洲的进口中,以日元计价的份额逐年上涨;

第三,在与第三国之间的交易中,以日元作为工具货币计价的情况几乎没有。

5.1.1.3 与其他同期工业化国家的横向对比来分析

日本在贸易中以日元计价的比重明显偏低于同时期的其他工业化国家的本国货币计价比重,这当中的原因很多。

在国际贸易中,有很强的路径依赖,在选用计价货币的时候,很多国家会倾向于使用现有的国际货币,如美元或英镑等。

日本汇率在80-90年代的大幅波动,不利于日元被选择作为国际贸易的计价货币。在日本的国际贸易中,日本出口的是工业化和科技含量较高的产品,具有很强的产品差异性,而进口的大多数是食品、能源、原材料等,不具有差异性的产品,且在国内没有可替代类的产品。按1988年的数据分析,日本对原材料等的进口额占进口的53%,而同期德国的原材料等进口额仅占该国的25%。按照国际贸易的货币选择理论,也就解释了为什么在出口中,使用日元计价的比例较高,而在进口中,日元的使用比例相对于其他工业化国家较低。

日本贸易公司的特殊结构,即对进出口双向汇率风险的内在冲销能力,使其更容易承担贸易中的汇率风险。日本的贸易公司规模非常大,既进行日本的出口贸易,同时也进行进口的贸易。他们在管理汇率风险的问题上,可以有相对的优势,即他们可以将进口中的外汇风险与一部分出口中的外汇风险相互冲销。

日本的终生雇佣制,使其生产者相对于欧美的贸易伙伴公司来说,更有一种强烈的保持生产水平稳定的愿望,以保证就业率的稳定。所以,当面临由于汇率的潜在波动而带来的产品需求的变化,进而导致生产产量的变化,从而影响到员工的就业的话,日本的企业更倾向于以进口商的货币计价,而自身承担汇率变动的风险。

表5-6 工业化国家以本国货币计价的贸易比重(单位:%)

国家	出口		进口	
	1980	1988	1980	1988
美国	97	96	85	85
德国	82.3	81.5	43	52.6
法国	62.5	58.5	33.1	48.9
英国	76	57	38	40
意大利	36	38	18	27
日本	29.4	34.3	2.4	14.1

数据来源:Tavlas & Ozeki,1992。

综上所述,日本在贸易计价货币的选择上,表现出以下几个特定特征:

在日本的出口贸易中,随着日本产品的技术含量的增加,以日元计价的份额会更高;

日本的出口商为保持市场份额的稳定,并保证终身雇佣制的稳定,宁愿使用对市场计价(PTM,即使用进口商货币计价);

在出口中,日本对美国的出口占比逐年增加,而对美国的出口,日元计价几乎不存在(美国是日本最大的出口国)。因此,日元在日本出口贸易中的比重无法有质的飞跃;

在对亚洲的出口中,日元计价相对较普遍;

在进口中,日本的进口以原材料和初级产品为主,而这些在传统上习惯使用第三方货币(美元)计价;

在从亚洲的进口中,大量使用日元计价的,很多是来自于日本在亚洲国家的直接投资的企业;

由于银行票据承兑市场不发达,限制了日元在贸易贷款中的使用。

5.1.2 作为计价货币的困境

5.1.2.1 进口中的"去美元化"困境

格拉斯曼认为,在经济竞争力基本相同的发达工业国家之间,大部分出口贸易会采用出口国货币计价,出口国不承担本国货币升值的汇率风险。在"麦金农假说"中,具有差异化的出口商品一般以出口国货币计价;而同质化商品在国际市场上大多以美元计价,因此交易以美元计价的情况居多。

原材料进口依赖美元计价:Taguchi(1982)指出日元在70年代出口中使用比例较低的一个重要原因在于日本进口中的产品结构以原材料和大宗商品为主,这种产品结构决定进口中日元的计价程度低。由于进口的原材料最终成为出口商品成本的重要部分,为冲销美元的汇率损失,日本出口计价也倾向于用美元计价。

贸易结构升级后,中间品进口仍然依赖美元计价。从20世纪80、90年代起,伴随着日本东亚高度一体化的生产和贸易模式的发展,日本在东亚一体化的生产结构中占据了产业链的高端生产环节,因此日本从东亚进口中间品的比重越来越大。东亚国家生产的中间品和零部件大部分采用美元定价,意味着日本企业在生产最终产品时仍然面临大量的美元化的成本。因此,在日本80—90年代进口结构发生了变化之后,使用美元定价的局面却并未发生变化。

5.1.2.2 出口中的"去美元化"困境

传统理论中的"格拉斯曼规则"和"麦金农假说"可以解释日本进口贸易中使用日元计价低的现象,但很难解释日本的出口贸易以日元计价的比率较低的现象。

从出口对象国来看,日本面向美国、欧盟等发达国家或地区的出口主要以对方货币计价是可以理解的,但日本在面向亚洲新兴国家及发展中国家的出口中,以美元计价的比率也超过以日元计价的比率,这并不符合"格拉斯曼规则"。从出口产品结构来看,在日本的出口商品中,高端工业产品的占比高达90%以上,按照"麦金农假说",差异化产品应以日元(出口国货币)计价为主。但事实上,在日本以本币计价的出口占比很低,仅为35%—40%之间,远远低于发达国家的同比重。

伊藤隆敏(2007)通过对日本出口企业的定价行为进行了实证调查,试图解释日元出口计价之谜。分析显示,日本出口企业对计价货币的选择主要取决于以下因素:即出口路径为企业内交易还是应用综合商社;贸易对象国货币的外汇避险成本;出口市场竞争程度及本企业产品的差异化程度;对于统一计价货币是否制定明确的外汇战略等。综合其他对日元出口计价之谜的研究,可以从中作出如下分析:

(1)日本出口的具有高度差异性或富有高科技含量的产品的最终消费国多为美国。因此即使生产时高度差异化产品,在对美贸易中,仍然惯用美元计价。

(2)日本跨国企业的经营理念决定贸易中母公司愿承担美元标价汇率风险。

理论认为,日本出口商采取 PTM(对市场定价,即采用进口商货币标价)的原因是日本出口商为追求市场份额的扩大而自愿承担汇率损失的一种商业妥协办法。克鲁格曼(1989)提出了这一行为的理论依据,他认为对于具有差异化的生产企业来说,企业在进入某个国际市场时,必须要投入大量的资源以开发市场和销售渠道,甚至改变产品的特点,以适应某国消费者的特殊嗜好。寡头公司在进入和离开国际市场时,一定会承担相当的沉淀成本(sunk cost)。在汇率大幅波动时,寡头企业不太愿意改变现有的生产工艺或材料,以减少更多固定成本的投入。他们更愿意承担短期的汇率损失,以求取长期稳定的市场效益。

(3)对东亚多数国家贸易顺差,不利于日元输出。除了个别国家(印尼、马来西亚)之外,日本对大部分东亚国家都具有一定规模的顺差。在日本保持贸易顺差情况下,不利于日本向东亚国家输出日元流动性。

5.1.3 作为交易媒介的分析

5.1.3.1 最直接的国际使用

目前没有可靠的数据证明日元纸币全球的使用程度。虽然日本游客在国际旅游时使用的日元在增多,但日元基本没有在非日本居民的交易当中被使用,即被第三国居民使用。日本每年有约1万亿日元的纸币回流到日本本土。这与美元的情况大不相同,美元在全球许多发展中国家都被认为是"平行货币",而且据不完全数据统计,全世界目前流通的美元,一半以上都在美国本土以外流通。由此,日元纸币作为交易媒介,并未被世界广泛接受和采用。

5.1.3.2 国际资本流动中交易媒介的职能

衡量日元作为交易媒介的使用程度,我们可以主要从日元在国际投资市场、对外直接投资、国际间银行贷款和国际外汇市场的使用来分析。

在国际债券市场上,由图5—4可见,以日元计价的国际债券绝对规模稳步上升。但从图5—5可以看出,相对于其他主要国际货币计价的债券,2009年欧元计价的债券发行比重占全球总债券发行量的一半左

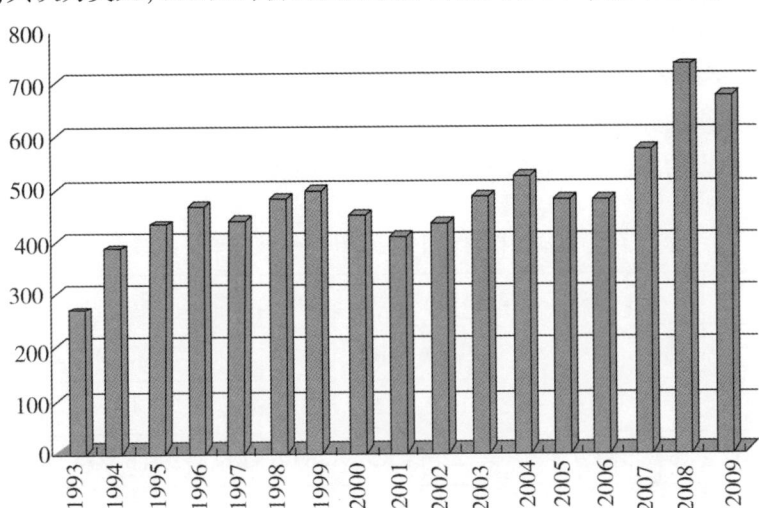

右,其次为美元,以日元计价的国际债券占比只有3%,相当之小。

数据来源:BIS

图5-4 以日元计值的国际债券发行规模(单位:10亿美元)

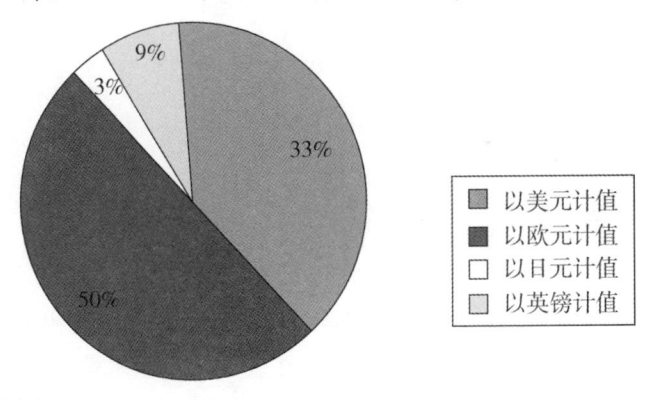

数据来源:BIS

图5-5 以不同货币计值的国际债券发行额比较(2009年)

日本对外直接投资与欧美国家相比,比重偏低。截至2010年末,英国、法国、美国的对外直接投资余额与国内生产总值之比分别为75.3%、59.1%和22.0%,而日本仅为15.1%。

日本对国际的银行间贷款在上世纪70年代几乎不存在,在80年代,由于日本银行的迅速国际化而迅速发展。尽管日元的国际贷款在全球所占比重有限,但是在一些亚洲国家中(韩国、泰国、马来西亚、印度尼西亚和菲律宾)却很活跃。在上世纪80年代末,日元对美元的急剧升值,直接刺激了日元的国际贷款发展。但是,日本的净长期贷款,多数是以美元或加元等外币计价的,多数是流向OECD国家的,多数是投资于发达国家的有价证券市场的。

表5-7 日本银行的对外贷款,1980—1989(单位:亿美元)

	1980	1981	1982	1983	1984	1985	1986	1987	1988	1989
外币计价	54.9	74.3	92.5	102.6	123	134.4	169.1	218.2	275.2	337.3
日元计价	9.1	13.6	15.5	19.8	29	35.2	57.2	80.4	99.7	108.3
总计	64	87.9	108	122.4	152	169.6	226.3	298.6	374.9	445.6
外币计价占比(%)	86	85	86	84	81	79	75	73	73	76
日元计价占比(%)	14	15	14	16	19	21	25	27	27	24
总计(%)	100	100	100	100	100	100	100	100	100	100

资料来源:日本财政部

由此可见,随着日元国际化进行,日元的确提高了其作为国际货币的交易媒介程度。但是无论是在国际债券市场、海外直接投资、国际银行间贷款,抑或是外汇交易量和东京外汇交易市场的规模,都距离美元、欧元等公认的国际化货币都还有着较大的差距。

在日元国际化积极推进时期的1983—1990年间,日本的国际收支平衡表中,日本的经常项目顺差达到了4500亿美元,同期,日本的净长期资本逆差达到了6650亿美元,比经常项目顺差多出了2150亿美元。这一项,基本都是由短期资本顺差来补充的。

表 5-8　日本的国际资产负债表(单位:10 亿美元)

	1980—84 平均	1985	1990
总资产	242	438	1858
长期	149	301	1096
私营部门	119	264	974
当中:有价证券	47	146	564
直接投资	29	44	201
短期	93	136	762
银行	63	100	645
总负债	210	308	1530
长期	82	122	464
私营部门	60	92	408
当中:有价证券	54	85	335
1980—84 平均	1985	1990	
短期	128	186	1066
银行	121	177	899
净资产	30	130	328
长期	67	179	632
私营机构	59	172	566
当中:有价证券	−7	61	229
短期	−25	−50	−304
银行	−58	−77	−254
国家储备	26	28	80
短期债务与国家储备比例	4.7	6.6	13.3

数据来源:日本央行,国际收支月报表

从上表可以得出如下结论:

第一,近60%的日本对外贷款是长期贷款,而总债务的60%是短期借款,而且绝大部分在银行的负债表上;

第二,长期资本流出多数集中在有价证券领域。直接投资所占的资本流出份额变动较大,从1980年的22%,逐渐有所下降,1985年达到8%,此后有所回升。

第三,国外债券的大部分是由大型银行、保险公司和投资信托公司持有的。根据 Fuka & Okina 提供的数据,在上世纪80年代末,日本保险公司持有近 1/3 的日本的海外债券投资。在这些投资当中,57% 使用美元计价,22% 使用加元计价,很少使用日元计价。

(1) 日元计价的资本输入概况

日本标价的资本流入主要有以下三种形态:非居民在日本国内持有的货币,非居民在海外持有的欧洲日元存款和非居民在海外持有的长期欧洲日元债券。

日元在欧洲货币市场存款余额的比重是先增加后降低,以 1987 年为转折点。到 1990 年,排在美元、德国马克和瑞士法郎之后,位列第四。

日本以日元计价的外债主要分为武士债和欧洲日元债。其中,武士债是指非居民在日本国内市场上以日元计价发行的债券,而欧洲日元债是指在海外发行并通过欧洲市场交易的以日元计价的债券,其发行主体既包括非居民也包括居民。因国际发行机构发行武士债的成本较高,因此从 1986 年起,日本以日元计价的外债主要在欧洲日元市场上发行,武士债占比很低。

欧洲日元债券与欧洲日元存款,呈现出同样的发展特征,即绝对规模不断扩大,以日元计价的发债比率在上世纪 90 年代后逐渐降低。根据国际清算银行(BIS)的统计,欧洲日元债券从 1983 年的 56 亿美元增长到 1990 年的 1159 亿美元,增长了 20 倍,日元债券开始在国际市场上占有一定的份额。尽管以日元计价的国际债券发行数量在增加,日元计价的国际债券占全球债券发行的比重却呈下降趋势。

表 5-9 以日元计价的国际债券发行额

	1980	1984	1985	1986	1987	1988	1989
欧洲日元债券							
非居民发行	55	227	1446	2551	2994	2213	3558
居民发行	—	—	140	442	555	127	—
总计	55	227	1586	2993	3549	2340	3558
非居民在日本国内发行债券(武士债)							
公开发行	261	915	1115	590	420	635	926
非公开发行	—	199	157	195	78	162	74
总计	261	1114	1272	785	498	797	1000

数据来源:日本财务省,机构金融局,年度报表

日元作为投资货币呈现的特征：

第一，日元债券绝对数额的增长。这既有国际市场发债费用低和发债监管限制较少的原因，也由于当时的日本股票市场经过急剧的泡沫增值后股价暴跌，导致在国内市场融资困难，以促使企业在海外债务融资。海外发行的债券很多都被日本企业及其附属公司购买，实际上并不是缘于大量增长的国际市场需求。

第二，同期，日本国内的债券市场几乎没有变化。国内与离岸市场表现的分歧，也反映了日本国内金融市场对居民债券投资的管制和债券二级市场的不完善。

第三，国际债券市场上日元债券的发行份额要高于欧洲货币市场的存款份额。

（2）以日元计价的资本输出概况

日元贷款在上世纪70年代几乎不存在，但是在上世纪80年代，由于日本银行的迅速国际化而开始迅速发展。尽管日元的国际贷款在全球所占比重有限，但是在一些亚洲国家中（韩国、泰国、马来西亚、印度尼西亚和菲律宾）却很活跃。日本对这些国家的日元贷款从上世纪80年代末的19.5%上升到了上世纪90年代末的37.9%。日本对亚洲国家的日元贷款的迅速增加，很大程度上是由于日元在上世纪80年代末对美元的急剧升值，还有日本在同期对发展中国家大量增加的官方发展援助基金所导致的。

东南亚金融危机后，美元债务比例的下降，没有带来亚洲日元比例的提高。尽管日元在东亚国家民间部门外债中的比例在提高，但这种提高的幅度和持续性都存在问题。以泰国为例，2001年以后，虽然美元在泰国非银行私人部门外债中的比重大幅度下降，但下降部分主要是由泰铢的增加所补上，日元标价其他货币债务比例虽然有所上升，但幅度都很有限，这表明在经历东南亚金融危机所带来的巨大危害之后，东亚企业以及国家采取一些方法来提高本币在外债中的比例，尽力避免货币和期限"双错配"的困境。虽然美元比例下降，但并不意味着日元比例的提高。

表 5-10　日本的对外贷款目标（单位：亿美元）

日本的银行间贷款	1983-85 平均	1986	1987	1988	1989	1990
对银行的贷款	137.6	346	592	772.5	879.7	958.5
当中：日元计价	29.1	91.5	223.8	268.8	291.4	313.2
非日元计价	108.5	254.5	368.2	503.7	588.3	645.3
对政府债权（日元计价）	27.5	40.1	57.3	43.2	42	

数据来源：日本财务省

表 5-11　日本银行的对外贷款计价货币占比 1980—1989（单位：亿美元）

	1980	1981	1982	1983	1984
外币计价	54.9	74.3	92.5	102.6	123
日元计价	9.1	13.6	15.5	19.8	29
总计	64	87.9	108	122.4	152
外币计价占比	86	85	86	84	81
日元计价占比	14	15	14	16	9
总计	100	100	100	100	100
	1985	1986	1987	1988	1989
外币计价	134.4	169.1	218.2	275.2	337.3
日元计价	35.2	57.2	80.4	99.7	108.3
总计	169.6	226.3	298.6	374.9	445.6
外币计价占比	79	75	73	73	76
日元计价占比	21	25	27	27	24
总计	100	100	100	100	100

资料来源：日本财务省

（3）日本资本输出的动机研究

日本银行的行为与世界货币发行国的动机恰恰是相反的。通常世界货币的输出国，会接受世界各国的以本国货币计价的流动性短期贷款，然后将其转变为更大数额的长期贷款和投资，使本国货币流向世界，是一个先引入短期借款,后输出长期贷款的过程。日本银行的国际资本流动的最初动机是向海外输出资本以获取他国的高额利息。当资本输出后,为避免过度的汇率损失,银行机构出于对冲风险的需要,向国内借入短期外币。

(4) 资本输出的目的地研究

在1980年,日本的长期净资本输出中,一半流向了OECD国家,而到了上世纪80年代末,80%流向了OECD国家,其中50%流向了美国。上世纪80年代末,只有5%的净长期资本输出流向了发展中国家。

净长期资本输出中的海外直接投资部分,日本对亚洲国家的直接投资,从1983年的28%下降到了1990年的13%。这种急速下降的原因有:(1)上世纪70年代末80年代初,日本从亚洲大量收购原材料和自然资源以供给生产需求,前期的过度投资,导致此后的投资比重下降;(2)上世纪80年代,美国等发达国家贸易保护主义升级,同时日元的急剧升值,导致从美国进口相对价格降低,导致日本对美国等发达国家进行了大量的直接投资。尽管日本对亚洲国家的直接投资比重在上世纪80年代中后有所下降,但是绝对投资额从1983年的18亿美元到1990年的71亿美元,翻了四倍。

表 5-12　日本净长期资本输出目的地,1980,1985-1990

资本输出目的地	1980	1985	1986	1987	1988	1989	1990
OECD 国家	49.5	80	87.1	81.6	83.9	62.3	95
美国	-2.9	43.2	44.8	38	41	60.4	25.4
欧洲	22.2	26.2	34.9	37.7	37	-14.8	47.8
当中:英国	11.7	8.5	11.3	8.8	10.9	-90	
其他 OECD 国	30.1	10.4	7.4	6.9	5.9	16.7	21.8
非 OECD 国家	50.5	20	12.9	17.3	16.1	37.8	5
总计	100	100	100	100	100	100	100

资料来源:Tavlas & Ozeki,1992

(5) 日元资本输出的行为主体研究

第一,非金融机构的作用。

上世纪 80 年代,是什么原因使得日本的金融机构会选择以外币(美元、加元)计价的投资呢?根据 Fukao & Okina(1989)的研究,主要有三个因素:(a)在上世纪 80 年代,美元和加元计价的投资工具利息高于同期可供选择的日元计价的投资工具;(b)在上世纪 80 年代,除执行了新的《外汇法》外,央行对金融机构的海外投资选择更加放松了;(c)日本的养老金改革,使得养老金不再一次性现金支付,而改为按期支付。同时日本的人口开始老龄化。这些养老领域的变化使得日本金融机构开始向海外寻求高利率的投资机会,以应对长期的养老金支付问题。

第二,银行机构的作用。

日本的商业银行也在进行"短借长贷",但是借入的短期资金多数都是以美元计价的。日本银行在上世纪 80 年代的海外贷款持续增加,虽然以日元计价的贷款份额有所增加,在 1989 年日本泡沫破裂前,只占日本全部贷款的 25%。日本银行的国际贷款主要以美元计价,是为了利用美元投资的高利率,但是为什么日本的短期借款,也要以美元计价呢?这主要是由于日本政府对银行海外资产所带来的外汇风险的管制政策(Fukao &Odina,1989)。日本银行外汇净值(包括现货和期货)在每个交易日结束时,不能超过 1 百万美金(正值或负值)。也就是说,如果银行贷款是使用外币交易,它们不得不在借款时,也以外币交易。同时,由于日本国内银行票据的承兑市场非常小,日本的国际贸易又很大程度上由外币计价。日本银行也会借入短期外币,为外贸商提供短期的贸易融资(Thorn 1987)。最后,日本银行如果从非居民借款,对银行准备金的要求是极低的(0.25%。银行对国内储蓄的准备金率为 0.125—2.5%)。银行对非居民的借款,利率也可由市场定价,而不需要接受管制。

由此可见,日元在国际资本市场中发挥长期净资本输出作用的机构,实际上不是银行机构,而是非金融机构。非银行机构由于并不使用货币对冲行为,而最终称为长期资本净贷款人。

(6)日元资本输出的投资类别研究

由前图可见,日本的长期资本输出多数集中在有价证券领域。直接投资所占的资本流出份额变动较大。日本的资本输出,由于大量投资于有价证券领域,导致大量的资本输出以美元或其他国际货币计价,无法实现日元计价的资本输出。

表5-13 日本的净长期资本逆差归类,1980,1985—1990(单位:%)

	1980	1985	1986	1987	1988	1989	1990
直接投资	22	7.9	11	14.7	22.8	50.6	73.2
贸易信贷	6.6	3.4	1.4	0.4	4.6	4.5	1.7
贷款	23.6	12.7	7	12.2	10.1	5.3	-16.7
有价证券	34.7	73.1	77.2	66.1	58	31.5	23.7
其他	13	2.9	3.4	6.6	4.4	8.1	18
共计	100	100	100	100	100	100	100

资料来源:日本财务省

表5-14 日本的直接投资区域分布,1983—1990(单位:%)

	1983	1984	1985	1986	1987	1988	1989	1990
亚洲	28.2	20.4	14.7	13.7	17.9	13.7	13.1	13.1
欧洲	11.1	20.3	16.7	14	17.7	20.7	22.7	26
美国	39.1	42.1	55.4	59.7	54.2	52.1	48.1	
其他	21.6	17.2	13.2	12.6	10.2	12.4	12.1	12.8
总计	100	100	100	100	100	100	100	100

资料来源:日本财务省

表5-15 日本机构投资者的海外资本投资,1980—1989(单位:%)

	1980	1981	1982	1983	1984	1985	1986	1987	1988	1989
对外国有价证券投资额(单位:亿美元)											
银行存款账户	1062	1430	2119	2722	4414	7327	9516	10620	11083	14124

银行信托	173	332	560	944	1436	3461	6213	7872	8169	10306
中央农林金库	239	313	322	283	380	955	1624	1608	2032	2376
人寿保险公司	682	1123	1902	2927	3842	4772	7306	10343	13086	17162
意外伤害保险	193	236	336	571	820	1022	1375	1745	2045	2667
证券信托	116	203	174	240	843	1635	3909	4146	4784	4829
相互银行	22	56	86	112	165	548	888	907	887	1083
信用金库	189	291	295	363	495	721	783	746	734	986
邮政人寿保险	0	1	4	194	558	946	1465	1968	2240	2480
总计	2676	3985	5798	8356	12953	21387	33079	39955	45060	56013
外国证券占总投资资产的比重(单位:%)										
银行账户	0.46	0.57	0.78	0.91	1.33	1.95	2.24	2.23	2.1	2.3
银行信托	0.48	0.95	1.36	2.01	2.65	5.4	7.53	7.94	7.14	7.74
农林银行	2	2.2	2	1.5	1.9	4.4	6.3	5.59	6.61	7.44
人寿保险公司	2.7	3.9	5.7	7.7	8.8	9.3	11.7	13.73	14.15	15.43
意外伤害保险	2.8	3	3.9	6	7.8	8.7	11.2	10.38	10.42	11.59
证券投资信托	1.9	2.8	1.9	1.7	4.7	8.3	12.5	9.25	9.08	8.45
相互银行	0.07	0.16	0.22	0.25	0.4	1.25	1.92	1.76	1.6	1.73
信用金库	0.46	0.65	0.61	0.71	0.89	1.22	1.23	1.06	0.96	1.13
邮政人寿保险	0	0.01	0.02	0.87	2.24	3.38	4.68	5.576	5.61	5.54

资料来源:日本财务省

5.1.4 作为交易媒介的困境

5.1.4.1 资本交易"去美元化"困境

日元作为交易媒体的使用度低,既有制度方面的限制,也是市场的原因。制度限制的原因主要包括金融,其资本市场的自由度缺乏,对跨境资本交易的管制较多;经常项目下以日元计价的比重低导致对日元借款的需求小,等等。

但是,近年来,修改《外汇法》、改革税制等举措,使日本的跨境资本交易在制度层面不存在过多制约。所以,日元国际化在资本交易方面遭遇的阻力,还是要从市场方面寻找原因。日元作为资本交易媒介,主要表现出三大特征:

(1) 对外直接投资比重低

与欧美国家相比,日本的直接投资比重偏低。截至 2010 年末,英国、法国、美国的对外直接投资余额与国内生产总值之比分别为 75.3%、59.1% 和 33.0%,而日本仅为 15.1% (刘瑞,2012)。日本的对外直接投资水平低,造成海外企业对日元资金的需求不积极,造成日元的国际使用程度低。

(2) 对外证券投资的目的地偏重于欧美国家,且多以外币计价

日本的对外投资主要以证券投资为主,证券投资规模逐年呈扩大趋势,2010 年末为 272.52 万亿日元,是 1995 年的 3.09 倍,占对外资产的比重从 32.06% 升至 48.36%。

a) 证券投资的对象区域

从日本海外证券投资的区域来看,日本的证券投资以欧美等发达国家为主,对亚洲国家的证券投资规模低。截至 2010 年末,日本对亚洲进行的证券投资占日本对外证券投资的比重不到 3%,而对欧美投资占 40%。

b) 证券投资各区域的净流量和存量变化

以不同货币交易的净流量和存量的变化可以反映出日本对外证券投资的投资流向和规模的变化。受欧洲主权债务危机的影响,日本以欧元交易的对外证券投资不断减少,以美元计价的对外证券投资在 2009 年后开始增加。截至 2010 年末,以美元、欧元和日元作为投资媒介的证券投资份额中,日元的绝对值占比最小。其中,以美元交易的对外证券投资余额在日本对外证券投资总额中所占的比重从 2003 年的 43.42% 降至 2010 年末的 41.52%,以欧元交易的对外证券投资从 20.21% 降至 13.54%,以日元计价的对外证券投资从 26.62% 升至 28.51%。总体来看,以日元交易的证券投资存量的增加部分补充了欧元的减少,美元仍占绝对比重优势。

c) 在大部分对外投资中,日元单方面承担汇率风险

日本的对外投资主要是以日元出资,以美元作为交易媒介,这种方

式容易引起日元汇率波动,而且以美元计价的资产越多,日本面临的汇兑损失就越大。在现有的美元主导的国际货币体系下,日元的国际化进程与日本对外投资中的"去美元化"息息相关。

5.1.4.2 金融交易:外币计价,短借长贷

日本在上世纪 80 年代,实施了国际资本流动中"短借长贷"的策略,向世界吸收短期借款,以用于向世界输出长期贷款。

日本向世界的净长期贷款,绝大部分都不是以日元计价的,而是以外币(如美元或加元等)计价。这表明了当时日本长期贷款对美国或加拿大的较高利率的偏好,日本国内的长期债券市场的不完善和国内金融体系对海外投资限制的逐步取消;

长期贷款中的大部分都是由非银行机构来进行的,而且非银行机构大多数并没有进行对冲交易,即并没有同时借入同币种的投资,以对冲贷出的外币;

由银行机构作出的长期贷款,大多数都是有对冲行为的,即银行机构同时借入了同币种的投资;

日本在资本项目的流动过程中,大部分使用了美元等其他货币计价,证明了日元在资本项目的交易中,并没有向国际货币体系输出日元的流动性。从这可以看出,日元还没有成为真正意义上的世界货币。

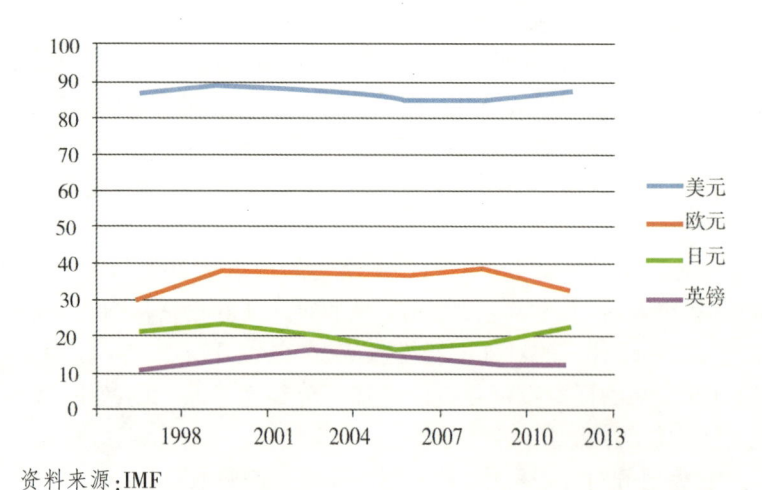

资料来源:IMF

图 5-6 主要货币在外汇市场上的交易比例(单位:%)

5.1.5 日元在外汇市场的困境

根据 BIS 的调查报告显示,1998 年的世界主要外汇市场上,美元占 87%,德国马克占 30%,日元占 22%,英镑占 11%;而在 2013 年美元占比为 87%,欧元占比 33%,日元占比 23%,英镑占比 12%。由图 5-6 可以看出,随着日元国际化的进行,日元在外汇市场上交易的比重有所波动,但是大体维持在 20% 左右,这说明了日元国际化有所成就。但是与欧元(35% 左右),尤其是美元(90% 左右)相比,日元在外汇市场上的交易比重还是很低。

世界主要的外汇交易市场中,东京市场的外汇交易额在 1989 年曾达到与纽约市场匹敌的规模,但随后规模不断减少。结果,东京外汇交易市场规模距离伦敦、纽约的差距迅速扩大,而且其地位也逐渐被新加坡、香港外汇交易市场所替代。这也从一个侧面反映了日元作为交易媒介的国际化水平距离其他国家还有一定差距。

外汇市场的日元比例也可以说明日元作为计价单位和交易媒介的作用。根据数据显示,日元在纽约外汇市场的份额从 1980 年的 5% 上升到 1989 年的 12.5%。在伦敦市场,占比稍有上升,在东京市场,交易额有所下降。有关数据显示,外汇市场交易的 90% 都与美元相关,除美元之外的货币,总共占有 10% 的外汇市场份额。

另外一个衡量一国货币作为交易媒介的指标是各国央行在进行外汇市场的干预中的选择使用某种货币的程度。

日元很少被用于央行进行外汇市场干预的货币工具。欧洲货币联盟的市场干预多数使用欧元和美元;美国在上世纪 80 年代的外汇市场干预主要使用德国马克和日元。日元在美国央行干预市场中的比重从上世纪 80 年代初的 12% 上升到上世纪 80 年代末的 40%。但是,美国央行使用日元的比重加大,很大程度上也与各国央行联手在 1988—1989 年保护日本经济有关。

日元外汇交易类型和结构上也有缺陷。日元外汇市场高度依赖美元市场,币种结构上主要集中于对美元及欧元的交易上。

东亚外汇市场上日元交易规模很低。根据东京外汇市场委员会(Tokyo Foreign Exchange Market Committee)的统计,东亚国家货币的外汇市场和日本外汇市场的联系比较多,但很大部分并不是东亚国家货币与日元的外汇交易,而是与其他主要货币(如美元、欧元等)之间的交易,日元并不是这些货币交易的主要目标。

5.1.6 作为国际储备货币的分析

5.1.6.1 作为国际储备货币的概况

截至2012年第三季度,世界主要储备货币的构成比例为:美元约61.81%,英镑约4.09%,欧元约24.14%,日元约4.11%,瑞士法郎约0.34%,其他货币共占5.52%。

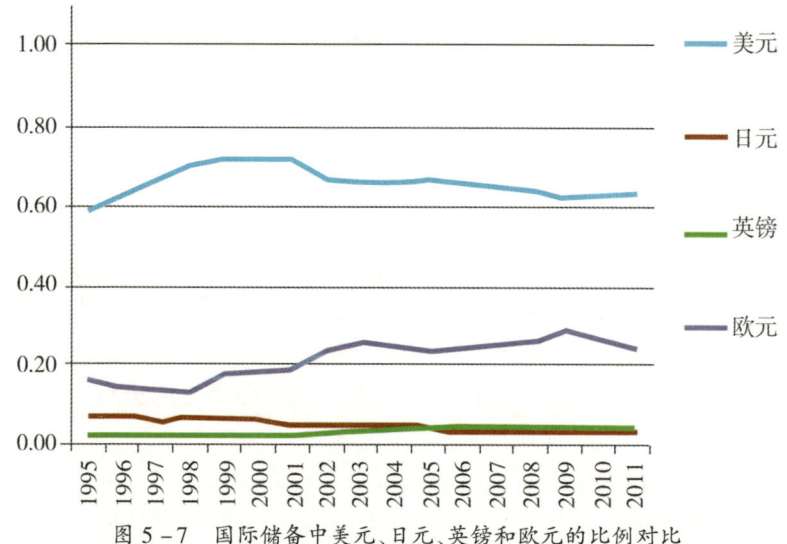

图5-7 国际储备中美元、日元、英镑和欧元的比例对比

资料来源:IMF "Annual Report 2012" http://www.imf.org/external/pubs/ft/ar/2012/eng/index.htm

泡沫经济破灭前,日元在世界储备资产中所占的比重如下:

全球储备占比:在上世纪80年代持续上升,从1980—1990年间,日元在国际储备中的占比从4.7%增加到9.1%;

在发达国家储备占比:日元在发达国家的官方外汇储备中占比在1985年达到8.9%之后,连续3年下降,1988年降至7.0%后开始上升,2000年达到9.9%;

在发展中国家的储备占比:与在发达国家正好相反,呈先升后降的趋势,由 1985 年的 7.0% 增加到 1988 年的 9.3% 之后出现下降。

在亚洲国家的官方储备占比:亚洲国家对日元外汇储备的认同感明显高于其他国家。在上世纪整个 80 年代后半期,亚洲地区的日元外汇储备的比例虽有波动但基本高于 20%。1987 年达到最高点 30%,随后开始下降,并且下降的速度比较快,1989 年只有 17.5%。日元在亚洲国家外汇储备的占比增加主要替代了德国马克和瑞士法郎的储备占比。同时期,美元在亚洲国际储备中的比重也上升了 14%,达到了 62%,仍然是亚洲最主要的储备货币。

表 5-16　各主要国际货币在国际货币储备和亚洲国家储备占比比较,1980—1990

	1980	1981	1982	1983	1984	1985
日元						
世界%	4.4	4.2	4.7	5	5.8	8
亚洲%	13.9	15.5	17.6	15.5	16.3	26.9
美元						
1980	1981	1982	1983	1984	1985	
世界%	68.6	71.5	70.5	71.4	70.1	64.9
亚洲%	48.6	54.4	53.2	55.7	58.2	44.8
英镑						
世界%	2.9	2.1	2.3	2.5	2.9	3
亚洲%	3	2.5	2.7	2.9	3.5	4.1
德国马克						
世界%	14.9	12.3	12.4	11.8	12.7	15.2
亚洲%	20.6	18.9	17.6	16.7	14.6	16.4
	1986	1987	1988	1989	1990	
日元						
世界%	7.9	7.5	7.7	7.8	9.1	
亚洲%	22.8	30	26.7	17.5	17.1	
美元						

世界%	67.1	67.2	64.9	60.3	56.4
亚洲%	48.4	41.2	46.7	56.4	62.7
英镑					
世界%	2.6	2.4	2.8	2.7	3.2
亚洲%	3.6	3.9	4.2	6.4	4.9
德国马克					
世界%	14.6	14.4	15.7	19.1	19.7
亚洲%	16.7	16.7	17.4	15.2	14.2

数据来源：IMF

泡沫经济崩溃后，各国外汇储备中的日元持有量不断减少。2005年日元与英镑持平并被反超，日元成为排名第四的国际储备货币。而IMF最新的统计数据显示，2011年日元的比重仅为3.60%，而此时英镑的比重为3.83%，已经超过了日元的比重。而从图5-7可以看出，从1995年到2011年间，日元在国际外汇储备中所占的比例逐年下降。美元的比重虽然有所起伏，但是一直维持在60%上下，而欧元的崛起也使得其比重从1995年的15.75%（1999年之前是用德国马克来衡量的）上升到2011年的24.67%。由此可见，在牙买加体系下，随着日元国际化的发展，日元作为储备货币的地位却是在逐年降低。

5.1.6.2 作为储备货币占比变化的原因

上世纪80—90年代，日元储备上升，主要原因在于：日元在上世纪80年代中后期的急剧升值，帮助了日元国际储备份额的增长；亚洲的高日元储备率，一方面反映了日本与亚洲经济的相互融合，另一方面是由于日本对亚洲国家的高额日元贷款所致。日元在亚洲外汇中所占的份额在1987年达到峰值30%后，便开始下滑。

国际上也不乏有利用日元汇率的迅速波动而购买日元，进行投机交易的。

上世纪90年代后，日元在国际储备中的份额开始缩减，尤其是在亚洲储备中所见，主要原因归结于当日元兑美元保持在130—140日元的时候，日元利率接近零利率。在日元汇率相对稳定而利率极低的情况下,很多国家开始转向利率较高的其他他国际储备货币。

总之,日元在国际储备中的使用,很大程度上都与日元的汇率上升及其所带来的套利行为有关。

日元在亚洲国家国际货币储备中的份额在短期内出现大幅波动的事实,证明了日元对亚洲国家来说,仍然不是最重要的国际货币。亚洲国家对日元储备的热衷,在很大程度上,是以对风险的对冲和对利润的追逐作为目的的,流动性要素不是最重要的考虑因素。

5.2 人民币国际货币职能的评价

5.2.1 作为计价和结算货币

5.2.1.1 人民币跨境贸易结算的现状

在2000年前后,在中国的一些边境省份,跨境贸易已开始使用人民币计价和结算且渐成规模。但是将人民币作为跨境贸易计价和结算货币上升为国家政策并加以推广,是在2008年末。国务院常务会议2009年4月8日正式决定,在上海、广州、深圳、珠海、东莞等城市开展跨境贸易人民币结算试点,这迈开了人民币走向国际化的关键一步。

2010年6月22日,中国人民银行、财政部、商务部、海关总署、税务总局和银监会联合发布《关于扩大跨境贸易人民币结算试点有关问题的通知》,将境内试点地区由上海和广东省的4个城市扩大到包括北京在内的20个省(自治区、直辖市),将境外地区范围由港澳地区和东盟扩大到所有国家和地区,明确试点业务范围包括跨境货币贸易、服务贸易和其他经常项目人民币结算。2011年8月23日,跨境贸易人民币结算境内地域范围扩大至全国。

从开展地区来看,北京、深圳、广东、上海四地占比近70%,这四地区的企业,在汇丰银行的一次调查中,也比其他地区的企业更有意愿在跨境贸易中采用人民币结算。

初步统计,2013年第一季度,已经累计办理跨境贸易人民币结算业务10039.2亿元,同比增长72.3%。其中,货币贸易结算金额6992.3亿元,服务贸易及其他经常项目结算金额3046.9亿元。跨境贸易人民币结算实收4167.1亿元,实付5872.1亿元。银行累计办理人民币跨境直接投资结算金额853.8亿元,其中,人民币对外直接投资结算金额79.5亿元,外商直接投资结算金额为774.3亿元。跨境贸易结算是人民币国际化的必经阶段,其顺利拓展将为今后进一步推动人民币国际化打下坚实的基础。

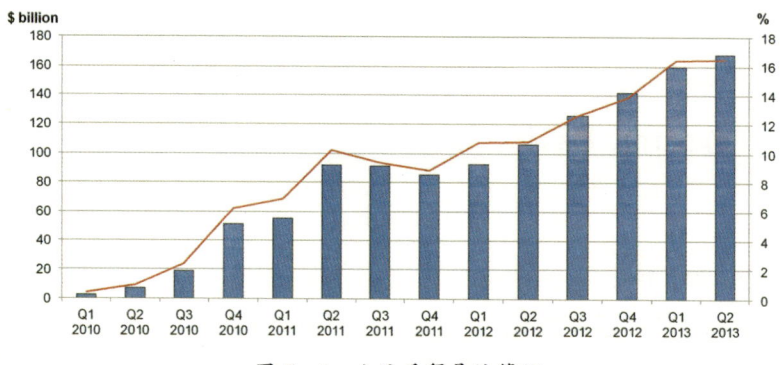

图 5-8 人民币贸易结算额

左轴:人民币跨境结算额;右轴:人民币跨境结算比例

数据来源:IMF贸易数据

除人民币在跨境贸易结算中的使用发展迅速外,人民币在香港的存款证业务也迅速扩张。香港的银行虽然在2004年已经可以办理人民币的存款业务,但是直到2010年年中,人民币在贸易结算业务的使用开始扩大后,香港的人民币存款才开始大量增加。在2009年底,香港的人民币存款大约在92亿美金(占当时香港存款总额的1.1%)。2010年底,达到473亿美金(5.4%),2011年底达到930亿美金(9.5%),2012年达到960亿美金(9.0%)。在2012年,香港人民币存款证比重的微调,并不代表人民币在香港的需求的降低,而是因为投资者开始选择存款以外的其他人民币的投资种类。在2013年10月底,香港的人民币存款总额达到了1246亿美金(占香港同期存款总额的10.8%)。

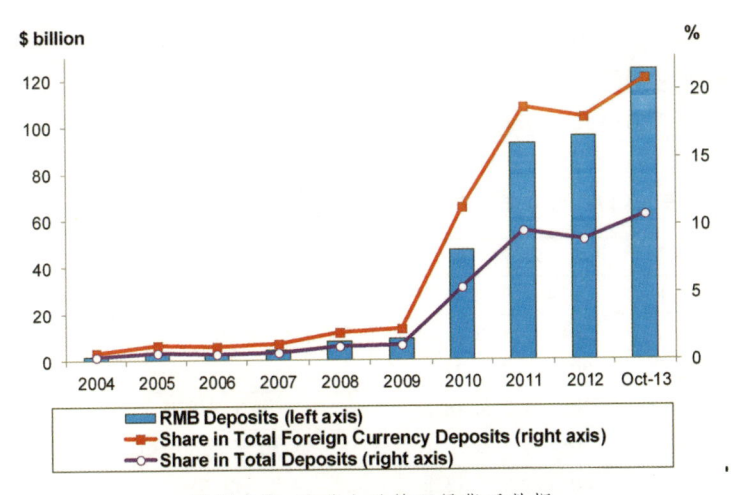

5 国际货币职能与中日货币国际化进程

数据来源:香港金融管理局货币数据

图 5-9 香港人民币存款额

中国的出口货币标价结构目前没有权威的统计数据,何帆(2009)认为中国对外贸易中有90%的交易以美元结算。传统上认为,中国和东亚国家都属于"美元区",同时,中国的贸易价格指数就是利用美元价格来编制的。如果美元标价比重超过90%,中国的出口价格指数可以近似看作实际合约货币标价的价格指数。

5.2.1.2 人民币跨境结算的制度设计

为帮助中国市场主体在国际贸易中增加使用人民币结算的比重,中国在近年通过双边货币互换协议、贸易本币结算协议、设立跨境人民币清算行等,帮助提高人民币在贸易结算中的使用率。

货币互换,通常是指市场中持有不同币种的两个交易主体按事先约定在期初交换等值货币,在期末再换回各自本金并相互支付相应利息的市场交易行为,以此约定为基础签定的协定称为双边货币互换协议。人民币的货币互换协议的主要目的是为两国提供短期流动性支持,为本国商业银行在对方的分支机构提供融资便利,促进双边贸易发展。

根据央行公开披露的信息显示,自 2008 年末以来至今,中国已与19 个国家及地区分别签署了货币互换协议,涉及规模为 22542 亿元人民币。自 2013 年以来,英国、欧洲央行等开启的双边本币互换协议,标

· 115 ·

志着人民币在欧洲离岸市场的发展进入了新阶段。进入2014年以来,中国央行已经先后与新西兰央行、蒙古央行、瑞士央行和斯里兰卡央行签署或续签规模共计2000亿元人民币的双边本币互换协议。

表5-17 2010年以来中国签订的货币互换协议(单位:亿元)

国家/地区	签署日期	互换规模	有效期
斯里兰卡	2014年9月16日	100亿元人民币/2,250亿卢比	三年
瑞士	2014年7月21日	1,500亿人民币/210亿瑞士法郎	三年
蒙古(规模扩大)	2014年7月21日	150亿元人民币	三年
阿根廷(续签)	2014年7月18日	110亿美元	三年
新西兰(续签)	2014年5月22日	250亿人民币	三年
阿尔巴尼亚	2013年9月13日	人民币20亿元	三年
匈牙利	2013年9月9日	100亿人民币/3750亿匈牙利福林	三年
英国	2013年6月22日	2000亿元人民币/200亿英镑	三年
巴西	2013年3月26日	1900亿元人民币/600亿巴西雷亚尔	三年
新加坡(续签)	2013年3月7日	3000亿元人民币/600亿新元	三年
乌克兰	2012年6月26日	150亿元人民币/190亿格里夫纳	三年
澳大利亚	2012年3月22日	2000亿元人民币/300亿澳元	三年
蒙古(补充协议)	2012年3月20日	100亿元人民币/2万亿图格里特	三年
土耳其	2012年2月21日	100亿元人民币/30亿土里拉	三年
马来西亚(续签)	2012年2月8日	1800亿元人民币/900亿林吉特	三年
阿联酋	2012年1月17日	350亿元人民币/200亿迪拉姆	三年
巴基斯坦	2011年12月23日	100亿元人民币/1400亿卢比	三年
泰国	2011年12月22日	700亿元人民币/3200亿泰铢	三年
中国香港(续签)	2011年11月22日	4000亿元人民币/4900亿港币	三年
韩国(续签)	2011年10月26日	3600亿元人民币/64万亿韩元	三年
哈萨克斯坦	2011年6月13日	70亿元人民币	三年
蒙古	2011年5月6日	50亿元人民币	三年
乌兹别克斯坦	2011年4月19日	7亿元人民币	三年
新西兰	2011年4月18日	250亿元人民币	三年
新加坡	2010年7月23日	1500亿元人民币/300亿新元	三年
冰岛	2010年6月9日	35亿元人民币	三年
阿根廷	2009年4月2日	700亿元人民币/380亿阿比索	三年

资料来源:根据中国人民银行公告整理

本币结算是指用本国货币进行企业、事业、机关等单位之间因商品交易、劳务供应或资金调拨等原因所发生的货币收、付业务的清算。我国已与越南、蒙古、老挝、尼泊尔、吉尔吉斯、朝鲜、哈萨克斯坦和俄罗斯的中央银行签署了有关边境贸易本币结算的协定。

同时，中国央行也于近期频频在亚太、欧洲国家设立人民币清算行，增加银行间市场的人民币流量。从下表可以看到，2014年迄今为止，中国人行就已签署设立于欧洲和东亚的8个清算行，发展速度可观：

2009年7月4日，中国内地与香港设立人民币清算协议；

2011年2月14日，中国与阿曼达成人民币清算协议；

2012年9月24日，央行与澳门银行签署人民币清算协议；

2013年1月25日，央行与台北分行签订人民币清算协议；

2014年2月18日，中澳人民币清算协议；

2014年3月29日，德央行与人行签署人民币清算协议；

2014年3月31日，英格兰银行与中国人民银行在伦敦达成人民币清算协议，这是第一个在亚洲之外达成的人民币清算协议；

2014年6月28日，中国央行与卢森堡、法国的央行签署建立人民币清算安排的合作备忘录；

2014年7月4日，中韩签订人民币清算协议；

2014年9月17日，中国银行巴黎分行担任法国人民币清算行；

2014年9月26日，哈萨克斯坦人民币清算行落地。

5.2.1.3 人民币跨境结算面临的问题

（1）国家层面存在相关政策安排不足，不能满足境外人民币的使用便利。国家宏观政策主要考虑了境内企业的贸易便利化，结算便利化以及投资便利化等问题，对境外企业的贸易便利化相关措施仍未到位。具体表现在：

●境外企业需要承担人民币结算带来的双重汇兑成本和双重汇率风险；

●境外企业贸易结算获取的人民币很难找到有效的投资市场，无法达到保值增值的目的；

●境外企业获取人民币的渠道仍然有限。除了贸易结算和银行兑换外，在人民币融资成本高于美元、欧元等国际货币且缺少金融市场工具的环境中,企业没有途径对冲汇率风险。

针对这些问题,中国政府也出台了一些政策,解决境外持有人民币的使用问题。2011年11月,为进一步扩大人民币在跨境贸易和投资中的使用,规范银行和境外投资者办理外商直接投资人民币结算业务,中国人民银行颁布《外商直接投资人民币结算业务管理办法》并予以实施。

2012年3月,为配合跨境贸易人民币结算试点,拓宽人民币回流渠道,允许境外人民币清算行等三类机构运用人民币投资银行间债券市场试点。这三类机构是指境外中央银行或货币当局,香港和澳门地区人民币业务清算行以及跨境贸易人民币结算境外参加银行。

(2)进出口不平衡,境外进口商人民币来源受限

目前跨境贸易人民币结算业务存在进出口不平衡的情况。

一方面,中国贸易面临着大量的顺差,大部分境外进口商很少有出口到中国的业务,他们大多只是从中国采购,到当地销售,所以进口商获取人民币的途径相当有限。目前,进口商获取人民币的渠道主要由两个:一是从中外合资商业银行兑换,二是从香港购买人民币。目前除了港澳和东南亚地区、欧美等地的商业银行也开始迅速拥有人民币头寸。

另一方面,中国与其他国家或地区的贸易存在不平衡情况。由于中国对很多国家和地区存在贸易顺差,在中国进口的过程中,国内商家使用人民币支付的欲望较高,但是当中国出口商使用人民币计价的时候,国外商家没有大量的人民币存量,支付存在困难,所以在进出口贸易结算中人民币的使用,存在着大量的不平衡。

人民币跨境结算的进出口不平衡造成以下问题:

第一,人民币升值的好处被境外出口商获得。境内大量对外支付的人民币流到境外,虽然增强了境外市场人民币的流动性,为人民币国际化创造了条件,但是人民币升值的利益也从境内进口商转移到了境外出口商手中。

第二,进口人民币付款远大于出口人民币收款,造成国际外汇储备增加。在进口贸易跨境人民币结算中,原本用外汇支付的款项,转而以人民币支付,减少了境内的外汇支付,导致外汇储备增加,增大外汇占款的压力。

(3)人民币跨境结算缺乏人民币资金回流的渠道

从目前的跨境人民币结算业务来看,进口业务占大部分,也就是向

境外支付人民币,大量的人民币滞留于海外。人民币资本项目尚未放开,人民币境外投资缺少渠道。

(4)中国企业缺乏选择结算货币的话语权

按照货币计价理论,由于中国在工业制造生产体系中处于中低端,在国际贸易中,对进出口计价和结算货币的选择,没有足够的话语权。中国出口商品的可替代性很强,在我国出口商品结构中,初级产品的出口占比由1979年的66.7%降至2012年的2.6%,在工业制成品中机电运输产品的比重达到了57.6%,但是深加工、精加工和高附加值产品所占比重仍然偏低,这时的中国出口产品的可替代程度很高。

同时,在中国的出口企业中,外商投资企业占比高。外商投资企业在中国出口企业中占据了约50%。中国的外商投资企业大部分是以贴牌生产方式生产经营的加工贸易型企业。加工贸易在中国出口贸易中的比重很大,即从其他国家的关联企业进口主要原材料和零部件,在中国进行加工制造,再出口世界。这部分出口业务属于跨国公司内部的关联交易,其货币选择自然倾向于使用外资企业的本国货币或者国际资本市场货币。

(5)结算渠道尚不通畅

银行清算体系是货币资金流通、结算的渠道。人民币结算缺乏健全的清算制度、统一的清算平台和清算体系,人民币支付系统的网络规模不大,尚未产生相应的网络规模效应,存在交易成本高的问题,影响企业对人民币结算的使用意愿。

5.2.1.4 人民币境外流通的方式

在当前人民币还未实现资本项下的自由兑换的情况下,人民币流出境外主要通过以下五种方式来实现:一是贸易出境,即边境贸易的进出口由人民币来支付;二是旅游、境外消费,即国内居民在境外旅游时,可以使用人民币消费,在境外的金融机构可以实现人民币的自由兑换;三是境外投资,即在中国企业或个人的境外投资中,可以使用人民币作为支付,对方可以接受人民币用以支付设备和劳务费用等;四是货币互换,中国央行与他国央行达成双边或单边协议,在规定的额度范围内,实现人民币与国外货币只见的互换;五是非法渠道出境,如近年增多的赌博,走私和地下银行等业务。

5.2.1.5 人民币境外流通的区域

按照人民币纸币目前在境外流通的接受程度,可将流通区域分为

三个类别:

第一类区域是中国的香港和澳门地区。2004年2月25日,中国人民银行进一步开放香港人民币业务,扩大了人民币现钞兑换港币的范围和限额,并允许香港居民每天有8万元限额内的支付可在广东省进行消费支出。在香港和澳门地区的很多宾馆,商场和零售店都可以按照其报出的汇率直接受理人民币。由于港币与美元可以自由兑换,实际等价于人民币在香港也可以兑换成美元。在港澳地区,人民币成为仅次于港币的交易货币。

第二类区域是在经济上对中国依存度较高的边境国家或地区,如缅甸、越南、老挝、柬埔寨、朝鲜、蒙古、俄罗斯、巴基斯坦和尼泊尔。在与这些国家的边境贸易中已经普遍使用人民币。在越南,人民币已经成为最受欢迎的外币,广西中越边境出口贸易有90%以上都以人民币结算,在其首都河内,有许多越南人在市中心的河边上专门从事人民币的兑换业务,总体来说,人民币在越南的流通主要集中在越南北部的省份,但南部的流通较少。在缅甸和老挝的北部,人民币也是主要的交易货币。在泰国北部的清迈,也已经拥有多个人民币自由兑换点。在柬埔寨,人民币早已开始在黑市上流通,柬埔寨首相更是在2002年年初称人民币被公认为亚洲地区最稳定的货币,并号召国民更多地使用人民币。在朝鲜,人民币几乎在所有的边境城市成为结算、贷款、商品交易和作为硬通货储备的货币之一。在蒙古,边境流通的货币中有90%左右是人民币,即便在蒙古全境,也有50%以上流通的货币为人民币。

第三类区域是中国近几年境外游的主要周边目的地国家或地区,如新加坡、马来西亚、泰国和韩国。人民币在这些区域的流通主要是随着国内大批游客在这些区域旅游和购物,人民币兑换点纷纷出现,各银行也开始了人民币兑换业务。随着中国居民出境游的增加,银联卡的消费更是扩大了人民币的支付范围,截至2013年初,中国银联卡跨境使用范围达到141个国家或地区。环球银行金融电信协会(SWIFT)的数据显示,人民币在2013年1月已经超过俄罗斯卢布,成为全球第十三大支付货币。

5.2.2 作为投资货币

5.2.2.1 作为投资货币的现状

2007年6月,国家开发银行获准在香港发行第一支人民币债券,金额为50亿人民币。此后至2012年，离岸人民币债券新债发行量为1122亿元，较2011年的1079亿元上涨了4%，截至2012年年底，未偿还债券余额为2372亿元。发债主体也从最初的内地金融机构扩大至2009年的国家财政部以及香港银行在内地的附属公司，并在2010年进一步扩大到普通企业及国际金融机构，从境外发行人民币债券和基金来观察。到2010年8月，共有财政部、国家开发银行、中国进出口银行、中国银行、交通银行、建设银行、汇丰银行及东亚银行等8个金融机构在港发行了400亿元的人民币债券；在2011年，在香港发行的人民币债券额达1080亿元人民币，超过2007—2010年的发行总额。发债机构也越来越多元化，超过30%由香港及内地以外地区注册的企业发行。

2014年，中国政府的国债或由国家开发银行发行的准国债，分别公开在巴黎、法兰克福和伦敦市场发行认购，这标志着人民币债券的离岸发行在欧洲的破冰之旅。

无论在香港还是欧洲的离岸市场，离岸人民币债券的主要发行者仍然为内资背景的中国金融机构或政府部门，而外资银行和非银行金融企业的发行量普遍小于内资机构，这一离岸市场的参与主体都是内资机构，这说明人民币作为投资货币国际化程度较低。其原因很多，受国际上对人民币升值的预期影响，外资机构发行人民币标值的债券的融资成本存在提高的风险。但对于内资机构而言，离岸市场拥有更加宽松的借贷条件，更完善的金融服务以及更低的借贷成本。

除离岸人民币债券之外，香港还发行了另外一种人民币定息产品——人民币存款证。2011年前9个月，香港人民币存款证发行银行有14家，共发行人民币存款证135笔，507.95亿元，平均单笔发行额3.76亿元。除香港人民币债券市场之外，新加坡、伦敦等金融市场也有少量人民币债券发行。

(1) 人民币计价的境内外直接投资

中国近年来对于境内外直接投资的限制在不断放宽。2011年1月，《境外直接投资人民币结算试点管理办法》规定，境内机构可以用人民币直接进行海外投资，并将所得利润以人民币的形式汇回国内。同年10月，《外商直接投资人民币结算管理办法》的颁布，允许境外投资者以合法获得的境外人民币来华开展直接投资活动。2012年初,以人民币计价和结算的境内外直接投资占中国境内外直接投资的30%左右,在2013年第三季度,份额已经占到中国对内外直接投资总额的55%左右。

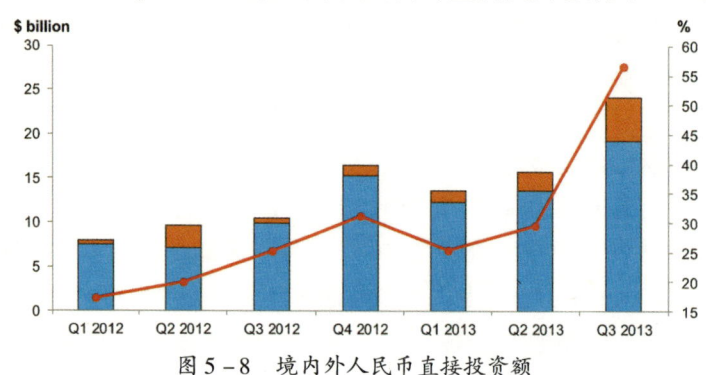

图 5-8 境内外人民币直接投资额

蓝:ODI；菊:FDI

数据来源:中国人民银行货币政策报告

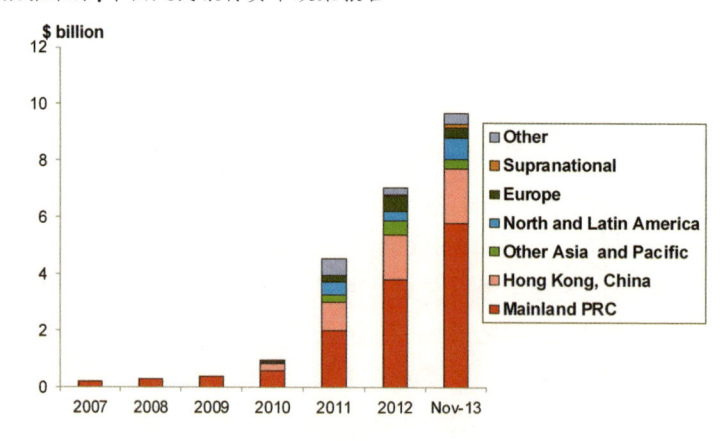

数据来源:bloom berg

图 5-9 人民币在港点心债的发行

(2)香港的离岸人民币债券发行

2007年,中国政府开始在香港尝试发行人民币点心债券。点心债的规模虽然不大,但是直到2010年8月,麦当劳公司成为第一家在香港发行人民币点心债的外国非金融企业,香港离岸人民币债券市场才开始获得的国际社会的广泛认可。人民币点心债从2010年的9亿美金,增加到2013年11月底的97亿美金,而且势头不减。人民币点心债大部分仍由国内的金融机构发行。

(3) 熊猫债券

熊猫债券是国际多边金融机构在华发行的人民币债券,是一种外国债券,即外国筹资者在一个国家国内市场发行所在国货币为面值的一种债务工具。由于国外金融机构在发行外国债券时,通常以该国最具特征的吉祥物命名,遂得此名。自2005年第一笔熊猫债券起,截至2010年年底,中国仅发行过五笔熊猫债券,其中有四笔是由国际金融组织发行的,总金额仅为50亿元,远小于香港离岸债券市场的规模,另外一笔则是由外资银行的中国子公司发行。2014年,熊猫债券再次启动,戴姆勒公司于2014在批准发债达50亿人民币的规模。与香港离岸债券市场的情况类似,同样由于人民币升值的强烈预期,使得外资机构并不热衷于到中国本土发行人民币债券,并且与香港的离岸市场相比,在内地发行人民币债券还受到更多的管制与监管,发行成本较高。

表5-17 中国发行的熊猫债券(单位:10亿元)

时间	发行主体	属性	规模	收益率(%)	期限结构
2005年10月	亚洲开发银行	国际金融机构	1	3.34	10
2005年10月	国际金融公司	国际金融机构	1.13	3.4	10
2006年11月	国际金融公司	国际金融机构	0.87	3.2	7
2009年12月	亚洲开发银行	国际金融机构	1	4.2	10
2010年5月	三菱UFJ银行(中国)	外资银行中国子公司	1	议价	2
2014年3月	戴姆勒	外国非金融企业	5	5.2	1

资料来源:根据中国政府公告整理

(4) 银行间债券市场的开放

2010年8月16日,央行发布通知,允许境外央行或货币当局、港澳人民币业务清算行、跨境贸易人民币结算境外参加行三类机构投资银行间债券市场。投资资金可来自近年中国央行和境外央行开展货币互换安排或开展跨境贸易人民币结算所得的人民币资金。这是目前跨境人民币自由结算取得的自然推进。在跨境人民币结算的初级阶段，政策放开尺度主要停留在允许增加人民币的使用方面，但资金仍留在境外。银行间债券市场的开放表明中国已经开始开拓渠道，为境外资金回到大陆金融体系提供便利通道，逐步建立人民币境外的回流机制。

同时，通过清算行的迅速设立，迅速增加了银行间债券市场的人民币流量和开放度。

5.2.2.2 资本项目不可自由兑换下的跨境投资渠道

（1）QDII、QFII、RQFII 有效促进投资市场的人民币跨境流动性

在市场投资方面，境外机构可以在 QFII 和 RQFII 获准额度内投资于内地银行及债券市场，同样，境内合格机构投资者也可通过 QDII 获准额度投资境外市场。在我国为实现资本项目可自由兑换的前提下，这些都是人民币履行投资货币职能的关键尝试。

从自 2002 年底颁布 QFII 办法以来的市场表现看，国外机构对 QFII 的申请不断，截至 2014 年 9 月底，共有 256 家机构获批 QFII 额度，合计 622.11 亿美元，其中银行存款、股票和债券占比分别为 12.2%、71.9% 和 13%，QFII 持股市值约占流通市值的 1.07%。

人民币 RQFII 到内地证券市场进行投资的政策也相继出台和扩大，相关额度已在 200 亿元人民币基础上扩至共有 86 家 RQFII 机构，截至 2014 年 9 月，累计获批额度达到 2883 亿人民币。共有 123 家机构获批 QDII 额度，合计 846.93 亿美元。

（2）沪港通

沪港通是指上海证券交易所和香港联合交易所允许两地投资者通过当地证券公司（或经纪商）买卖规定范围内的对方交易所上市的股票，是沪港股票市场交易互联互通机制。沪港通由中国证监会在 2014 年 4 月 10 日正式批复开展互联互通机制试点。证监会指出，沪港通总额度为 5500 亿元人民币，参与港股通个人投资者资金账户余额应不低于人民币 50 万元，港通正式启动需 6 个月准备时间，预计于 2014 年底正式启动。

（3）离岸金融中心

香港作为人民币的离岸中心，一直发挥着得天独厚的优势。欧洲自

2013年以来,对成为人民币离岸中心的态度积极。巴黎、法兰克福、伦敦和卢森堡,各具有不同的优势,正在争取人民币欧洲离岸中心的地位。从目前的发展来看,巴黎、法兰克福和伦敦离设立人民币离岸中心都更近了一步。

表 5-18 欧洲人民币离岸中心的竞争

	货币互换协定 (地区或所在国)	人民币清算行	RQFII 额度	人民币债券
巴黎	与欧洲央行签订	中国银行	800 亿元	已发行
法兰克福	与欧洲央行签订	中国银行	800 亿元	已发行
伦敦	已签订	建设银行	800 亿元	已发行
卢森堡	与欧洲央行签订	工商银行	无	已发行

资料来源:中国人民银行

5.2.2.3 作为投资货币的挑战

(1) 金融市场发展的深度与广度

在人民币通过进口贸易结算、货币互换等手段流通到境外后,人民币仍然缺少合适的投资工具。人民币金融市场的深度与广度的不足,使得境外居民持有人民币的兴趣不足。美元成为国际投资货币的重要原因之一,是美元拥有充足的流动性和投资环境,国际上有以美元为主体运行的国际资本市场。随着境外持有人民币的数量增加,中国必须为人民币持有者提供较多的资产选择。

(2) 国内金融市场的多重管制

国内金融市场较多的管制,使得外资机构并不热衷于到中国本土发行人民币债券。目前,外资机构发行人民币债券首要到财政部等窗口部门申请,然后经由财政部、中国人民银行、发改委、证监会对申请进行审核,在有发改委会同财政部对债券发行规模与所筹资金用途进行审核,由中国人民银行对发债利率进行管理,最后由外汇管理局对发行人人民币专用账账户及结售汇进行管理。除此之外,外资机构发行人民币债券还要涉及债券发行审批适用的行政许可问题。目前,外资机构需要参照中国人民银行在银行间债券市场发行金融债券审批项目办理。因此，与香港的离岸市场相比，在内地发行人民币债券受到更多的管制与监管，发行成本较高，因此，国内金融市场的多重管制也成为人民币进一步发展为国际主流投资货币的一大挑战。

5.2.3 作为储备货币

储备货币指的是主权国家的政府所持有的用于进行国际间直接支付的国际流通货币。国际储备货币主要是政府用以进行国际支付以及维持本币汇率稳定的一种储备资产，它是一国政府国际清偿能力的体现。按照 IMF 的规定，一国储备货币的构成主要包括黄金储备、可自由兑换的货币、该国在 IMF 的储备以及该国在 IMF 的特别提款权。

目前，国际上通用的储备货币主要有美元、欧元、日元、英镑及瑞士法郎这五大货币构成。

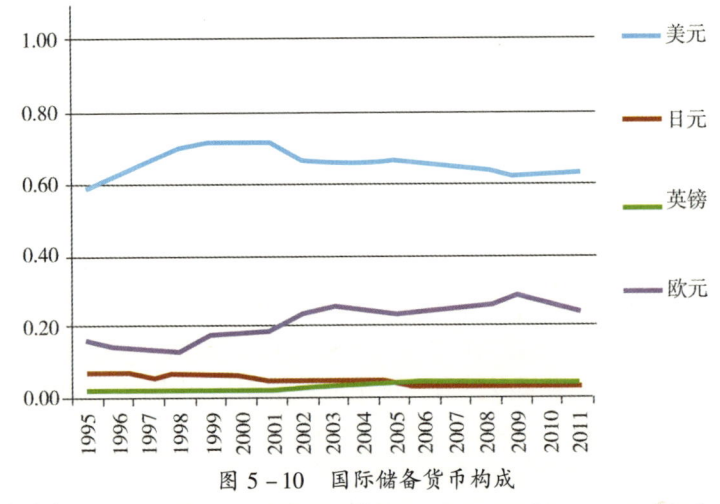

图 5-10　国际储备货币构成

资料来源：IMF "Annual Report 2012" http://www.imf.org/external/pubs/ft/ar/2012/eng/index.htm

2012 年以来，韩国、尼日利亚和沙特阿拉伯等国央行已经宣布或计划提高人民币在其外汇储备中的比重。其中部分央行已经与中国央行签署了货币互换协议，其他央行也考虑购买在香港发行的人民币债券等。出于对美元长期走势的担心，央行和国际投资者都在寻找替代性资产。一些国家希望通过配置人民币资产来实现外汇储备多元化。

2012 年 7 月，国家开发银行发行了 25 亿元人民币计价债券。其中

15亿元3年期债券中,有58%被少数几家中央银行认购。据称,非洲、中东和欧洲国家的部分央行认购了这批主权债券。

6 日元国际化进程受阻的评价

6.1 操作层面原因

根据此前的分析，无论在作为计价单位、交易媒介或价值储存这三个国际货币的职能方面，日元国际化的进程都受到阻碍并陷入困境。我们具体来看一下日元国际化受阻的深层次原因。

6.1.1 计价货币的"去美元化"困境

在日本的国际贸易中，由于对美元的过度依赖，日元始终无法成为与其经济体量相匹配的国际贸易计价和结算货币。

(1) 原材料进口依赖美元计价。在日本的商品进口中，以美元计价的交易份额很高，日元使用率很低，这符合"麦金农假说"中关于贸易商品 II 的结论。由于全球范围内大宗产品的市场定价权长期被美元掌控，而日本的进口商品中，矿物性燃料、食品、原材料、化学制品等同质化初级产品所占的比重很高，原材料的进口依赖美元计价。

(2) 出口产品依赖美元定价。随着东亚一体化生产体系的完善，日本的进口结构发生了很大的变化，原材料和初级产品的进口比重逐渐下降，而资本产品和 IT 产品的比重不断上升，而且进口一些越来越集中于来自东亚的中间产品，这些产品大部分采用美元定价，因此日本企业在生产最终产品和高级中间品的过程中，不得不面临大量美元化的成本，为了对冲成本中的美元汇率风险，出口商倾向于以美元来定价。

(3) 日本跨国企业的经营理念决定贸易中母公司愿承担美元标价汇率风险。日本出口商在日元升值的前提下，吸收了汇率带来的损失，而保证销售不受损失。克鲁格曼(1989)提出了这一行为的理论依据。他认为对有差异化的生产企业来说，企业在进入某个国际市场时，必须要投入大量的资源以开发市场和销售渠道，甚至改变产品的特点，以适应某国消费者的特殊嗜好。寡头公司在进入和离开一国际市场时，一定会承担相当的沉淀成本(sunk cost)。在汇率大幅波动时,寡头企业不太愿意改变生产工艺或材料以减少成本。他们更愿意承担短期的汇率损失,以求取长期的市场效益。

(4)对东亚多数国家贸易顺差,不利于日元输出。东亚的出口中日元使用份额很低,东亚从日本的进口中,日元使用率较高。日本对大部分东亚国家的贸易顺差,不利于日元作为计价和结算货币的输出。

6.1.2 金融交易媒介的困境

6.1.2.1 "短借长贷"逻辑倒置

纵观英镑、美元成功成为世界中心货币的历史,无一不伴随着该国从世界各国吸纳本币短期净资产(短借),并将此资金用于向世界输出长期净贷款和投资(长贷),以向世界输出流动性的初衷。向世界各国吸纳本币短期资金是以为世界提供更大的本币流动性为目的的,以实践国际货币的义务。日本国际化过程也形成了"短借长贷"的局面,但是其逻辑性却恰恰相反。日本的长期贷款是以追逐美国等国的高利率为目的并以美元等外币计值,随后借入短期外币资产以对冲长期外币贷款的汇率风险。日本缺少使日元成为国际货币应有的姿态和远见。

6.1.2.2 偏外币计价,多证券投资

为追求海外的高利率,日本的金融投资多以日元出资,以美元等外币作为交易媒介。2010年末,日本购买的海外中长期债券中,39.64%以美元计价,13.9%以欧元计价,以日元计价仅占33.37%。对于日元国际化,大部分的国际资本输出,没有起到作用。同时,日本的长期资本输出大量集中在有价证券投资上,直接投资比重低。2010年末,证券投资为272.5万亿日元,占对外资产存量48.36%。这部分投资,在日元国际化的过程中,也没有起到作用。

6.1.2.3 资本输出目的地错配

美元和英镑在成为世界货币时,向发展中国家大量输出资本,且以本国货币计价。以此,发展中国家积累了大量的美元和英镑,以提供本国货币流动性,从事国内投资,支付进口货款,并用以支付美元或英镑长期贷款的利息。上世纪80年代末,日本的长期资本净输出中,80%流向

了OECD国家,其中50%流向了美国。从资本输出的角度来分析,日元国际化的策略是失误的。

6.1.2.4 金融体制的历史束缚

日本传统上一直被认为是一个金融市场很难进入的国家,早期的主银行体制和日本对本国证券业的保护,使得外国金融机构在日本市场无法进行公平的竞争。尽管主银行体制衰落,但日本银行仍持有非金融企业的大量股权,直接影响到企业债券的发行。迫于内外的压力,日本一直在进行金融市场自由化改革,但市场开放的速度和幅度都滞后,无法提供高效率的金融产品和合理的风险收益,阻碍了日元国际化的进程。

由此可见,日元作为交易媒介,在其国际化过程中,仍然面临着"去美元化"困境。日本对外证券投资比重高,但以日元计价的比重低。投资多流向美国等发达国家,发展中国家没有形成日元的规模积累。日本以外币计价的资本输出,又伴随着以对冲风险为目的的外币计价的资本输入。尽管日本具备一定的国际投资规模,但只有以日元计价的很少部分投资,对日元国际化才会产生积极的意义。

6.1.3 储备货币的困境

从整体趋势来看,日元作为国际储备货币之一,在过去30余年经历了先升后降的趋势,拐点源于日本泡沫经济的崩溃。至今,日元仅为世界第四大储备货币,约占世界外汇储备3.6%的比重。究其原因,还是日本真实经济状况所决定的。同时,也不排除如下原因:

日元更加被国际社会视为风险对冲和投机工具,而非流动性要素提供工具。国际货币真正的义务是为世界提供流动性,且因此具有强大的避险性。当日元汇率相对稳定,利率极低时,国际日元储备在短时间内出现大幅波动。这证明,对日元储备的热衷,在很大程度上,是以风险对冲和利润追逐为目的的。从这点来看,日元作为国际储备货币,无法成为国际上的最终贷款人,是不必要的国际储备货币。

6.2 制度层面原因

6.2.1 国际市场对日元信心缺失

货币成为国际货币所应具备的条件中的一个因素是(Tavlas and Ozeki 1992；Black1990)国际对该国货币币值稳定的信心,这不仅包括低通胀率,汇率稳定,同时也包括该国稳定的政治制度。一国的政治稳定本身不能成为该国货币国际化的充分条件,但是一国的政治稳定却是该国货币国际化的必要条件。美元在稳定的美国政治的支撑下,具有良好的政治避险性,保证了美元的货币霸权地位。在亚洲地缘政治的不稳定性,是亚洲货币无法成为世界中心货币的一个阻碍。朝鲜半岛问题和中日领土争端问题,中国在南海与东盟国家的领土争端问题随时可能升级,这些非经济领域的地缘摩擦因素,对日元或人民币在世界范围内的国际化,乃至亚洲货币区域化的形成都是不利因素。

6.2.2 债券市场国际参与度低

户田博史(1998)指出,有助于日元国际化,债券市场需要做到三点:1.参与者公平的竞争；2.有效率的提供金融商品合理的风险收益；3.供给符合参与者需要的产品,即提供在全球范围内具有投资价值的债券产品。

在日本,债券市场无法做到这三点,主要归咎于日本政府的制度性缺陷:

第一,外国参与者无法进行公平的竞争。日本传统上一直被认为是一个金融市场很难进入的国家,其中原因有很多,从早期的主银行体制和日本对本国银行证券业的保护,使得外国金融机构在日本市场上进行交易的成本比较高昂,日本的债券市场也是如此,严格的准入限制使得外国金融机构进入得很晚。由于辛迪加承销商主要是日本国内的银行、证券公司、保险公司等,其分配到的很大部分国债被自己持有,所以外国投资者一般只能通过公开拍卖的方式或者是在二级市场上购买日本政府债券,而二级市场的购买成本则明显高于一级市场,这些限制了外国投资者对政府债券以及市场进入的兴趣。尽管 2006 年取消了辛迪加承销,财政贷款基金等的购买份额也在不断下降,但是市场交易的惯性仍然在短时间内无法改变(许祥云,2011)。

第二,外国参与者面临特定的风险。由于国债市场上公共部门持有的比重过大,导致市场的流动性低下。日本国债市场的流动性(包括换手率)是 G7 中最低的,而买入卖出的差价是最高的;由于国债市场上公共部门的比重过大,同时导致国债市场的价格机制扭曲,国债市场不能够按照市场机制正常运作。一旦政府政策发生变动,将严重改变日元国债的价格(李晓,2005)。

第三,对于企业债券的外国参与者来说,不但受到政府管制的影响,而且还受到日本金融体系的特点和历史的限制。尽管日本的主银行制度和金融系列制捆绑(financial-keiretsu bundling)随着 20 世纪 90 年代泡沫经济的破灭而衰落,但日本的银行和企业之间的紧密联系仍然存在,因银行持有非金融企业的大量股权,将直接影响到企业债券的发行。"金融大爆炸"之后,银行对企业的持股有所减少,但是日本国内银行以及证券公司对金融市场的控制力依然很高,市场力量的集中仍然会对外来者构成进入成本和障碍。

第四,外国参与者的投资价值受到制约。日本债券市场经过多年的改善,在产品结构和收益率上仍存在严重的问题,影响到非居民对日元资产的兴趣。首先,债券种类结构不合理,国债份额过高。其次,日元债券收益率很低,存在着汇率风险。日本国债的收益率要远远低于其他发达国家。导致日本国债收益率长期走低的最重要原因可能还是日本经济长期低迷导致日本实行过度宽松的货币政策,日本从 1999 年 2 月开始实行"零利率"货币政策,直至 2006 年 7 月 16 日宣布结束零利率政策。但由于次贷危机影响,日本银行再次于 2008 年降息至 0.1%,几乎再次回到零利率。由于日本的低利率和汇率的无方向性,很多国外投资者更多的是从事"套利"活动,即所谓的"利差交易"(carry trade)。

6.2.3 "迟到"的日元国际化黄金时期

在上世纪 70 年代中期,日本政府对日元的国际化是不持鼓励态度的。Frankel(1984)认为,日本的央行认为,外国机构(居民)大量持有日元,会影响货币政策对货币供应量的调控,造成汇率的大幅度波动。据此,日本央行通过对国内的信贷规模和去向进行严格的管控,对利率实行严格的管制,银行利率通常是低于市场出清的价格。金融系统是严格割裂的,其运行的原则是大量地吸收储蓄,以低于市场的利率贷款,以保证私人企业的借贷需求和国家基础设施建设所需的资金。当时对于资本流动的管制,使金融市场基本不会受到国际需求的干扰。

6.2.4 央行货币政策的失误

6.2.4.1 资产泡沫的形成及破裂

(1)资产泡沫的过度放纵

从1983—1989年,日本的日经指数和土地价格指数都翻了四番。日经指数225从1983年的1万点,增长到1989年的4万点。同期经济增长接近5%,超过了1975—1989年的4%的均值,税收收入填补了日本持续20年的财政赤字。在1989年时,世界都在赞扬日本经济发展的成功经验。上世纪80年代,日本的通胀率一直介于1—3%之间。在资产泡沫形成的同时,日本的通胀率得到了极好的控制。由于通胀一直表现温和,日本央行直到1989年时才意识到,要开始实行紧缩的货币政策。日元从1985年2月的260日元/美元,急剧升值到1986年夏天的150日元/美元。日元的急剧升值使得日本经济进入萧条期(出口严重受损),进口价格下跌。利率从1986—1987年进行了下调,以刺激经济复苏。降低的利率有助于缓解日元汇率的继续升值。

(2)资产泡沫的过度扼杀

货币政策在1989年进入紧缩阶段,官方的基准利率从2.5%上升到1990年8月的6%。尽管利率在短时间内迅速上调,通胀率仍然从1989年年初的1%上涨到当年末的3%。

股指在1989年末达到了峰值(39000点),在央行上调利率的同时,央行也通过银行贷款限制、加税等货币和财政政策,控制土地的买卖。到1992年夏天,股指已经下跌60%。土地价格也从1991年开始下跌,日本的资产泡沫正式破裂。

(3)通缩时代货币政策过晚过迟

1992年第一、第二季度,日本经济出现萎缩。日经指数为峰值时的

40%。金融机构对房地产及相关行业的贷款直到上世纪90年代中,一直居高不下,银行业的坏账开始出现。官方准备金率从1991年的5.5%降至该年末的4.5%。日本的通胀率从1992年初的2%降至1995年中的零。央行继续将利率调整至1993年9月的1.75%,又下调至1995年4月的1%,1995年9月的0.5%。很多学者对这段时间的央行货币政策反应是否够快存有疑问。

金融机构在这时仍然对房地产市场存有复苏的幻想,继续为房地产商提供贷款,甚至在房地产商无法支付利息的时候,银行进一步向企业贷款以供支付利息。企业和银行的资产负债表在这段时期迅速恶化。1995年,小型银行出现破产,银行的资产状况进一步恶化,同时由于政府没有及时掌握银行的情况,政府并没有及时启动财政政策以被颠覆的银行体系。

日本的"失去的十年"的发生有诸多原因。资产泡沫的破裂和银行的坏账(记账,账户)问题通常被认为是经济停滞的诱发原因。到了2003年,土地和股票价格指数都跌到了1989—1991年的高峰值的1/3和1/4。1997—1998年,日本金融市场遭受了严重的外部危机,坏账(记账,账户)严重,资产撤离,三大银行破产。银行信贷极大缩减,使得日本经济总需求不足,经济进入通缩时期。政府终于决定在1998年3月通过财政政策向银行注入资本。

但是,造成日本的通缩时代最可能的原因还是来自于货币政策的失误。通货膨胀或通货紧缩,从根本上说,还是货币领域讨论的问题。在1999年的2—3月,日本央行将基准利率降到几乎为零。2000年8月,央行将基准利率调高到0.25%,在对经济复苏进行了错误的判断后,央行于2001年3月,再次将利率调为0,并同步实行量化宽松的措施。央行每月从市场中对长期政府债券的购买量从4千亿日元升到6千亿日元,并持续增加购买量,在2002年10月,已增加到1.2万亿日元。到2002年,经济和金融市场都陷入进一步的萧条。很多经济学学者认为,央行在日本经济衰退和通货紧缩发生的时候,所采取的政策力度过小,速度过迟。

6.2.4.2 货币政策对经济所作出的反应

在日本的资产泡沫膨胀时期,日本的CPI仍然较低。当日本的资产价格在几年的时间成倍增长的时候,通货膨胀又处在合理的空间,这成为日本央行制定货币政策时的难题。央行实际上是从 1989 年才开始实行紧缩的货币政策的。日元从 1985 年 2 月的 260 日元/美元,升值到 1986 年夏天的 150 日元/美元,这次日元的大幅升值,一部分是由于日元的价值回归,一部分原因是市场的过度反映。日元的迅速大幅度升值造成了经济的放缓和通货膨胀指数的迅速下调。利率从 1986—1987 年的下调,也是对日元的急剧升值所引发的经济危机作出应对。

日本的货币政策在 1989 年开始收紧。官方的贴现率(ODR)从 1987 年的 2.5%,升至 1989 年 5 月的 3.25%,继续升至 10 月的 3.75%,和 12 月的 4.25%,于 1990 年 8 月升至 6%。至此,15 个月之间,贴现率共增长了 350 个百分点。日本的通货膨胀率也由 1989 年初的 1% 升至 1989 年底的 3%。

日本的日经 225 指数在 1989 年达到了 39000 点。指数在 1992 年夏已经跌到了 40% 的高峰市值。土地价格从 1991 年开始下跌。泡沫就此破裂。

6.2.4.3 "失去的十年"

(1)对日本央行货币政策反应的评价

日本经济持续萧条近 20 年。1993 年到 2003 年的日本经济平均增速仅在 1% 以上。从 1998 年起,无论以通货膨胀指数或 GDP deflator 衡量均为负数。日本的物价水平在 2003 年甚至低于 1997 年的水平。同期,美国的 CPI 指数增长了 12%。在近乎零经济增长和通货紧缩的困扰下,日本的名义 GDP 在 2002 年比 1997 年缩减了 4%,同期,美国的名义 GDP 增长的 25%。

1985—1990 年的日本资产泡沫时期。从 1983—1989 年,日本的日经指数和土地价格指数增长了 4 倍。股票指数(Nikkei 225)从 1983 年的 1 万点增长到了 1989 年的 4 万点。同期,日本经济的年增长率在接近 5%,超过了从 1975—1989 年间的 4% 的年增长率,政府的税收也弥补了此前 20 年的政策财政赤字。

有些经济学家认为上世纪 80 年代后半期,货币政策的错误导致了资产泡沫越来越大。但是在资产价格急剧升值,通货膨胀指数却在合理区间的情况下,经济学界还没有明确界定有效的货币政策的方向。在当时的日本,CPI 指数显示的是低通货膨胀率,这也可能是由于当时日元的急剧升值所带来的。0.5% 的通货膨胀率所对应的货币政策应该是宽松的。同时为了阻止资产泡沫的形成,央行采取的货币政策应该是收紧的。对于货币政策的制定者来说,这就面临一个两难的选择。在经济学的理论中,一个基本的原则就是为完成若干个政策目标,一定要有若干个政策工具。在要达到 CPI 价格稳定和资产价格稳定这两个相反的政策目标的同时,单靠利率政策工具是无法完成的。

回顾上世纪 80 年代后期的日本货币政策,试图找到货币政策的失误,是很难的。央行的货币政策在 1987 年 2 月将贴现率降低到 2.5%,直到 1989 年 5 月。有学者认为在 1987 年,央行应该采取收紧的货币政策,而不是宽松的政策,以抑制资产泡沫的膨胀。但是在 1987 年,日本央行的首要任务并不是保证资产价格的稳定。在这段历史的背后,有一个问题值得思考——央行的政策目标问题,也就是回答日本央行是否应该有责任阻止资产泡沫的生成。有些学者认为资产价格应该成为央行保证价格稳定目标的一部分。Cecchetti(2000)认为资产价格应该是货币政策目标的直接衡量标准。Bernanke and Gertler(1999)在研究日本资产泡沫时期的央行货币政策时,构建了一个 FED 与 BOJ 相比较的货币政策反应模型,作出的结论是日本的货币政策在 1985—1988 年间过于紧缩,而 1988—1990 年间过于宽松,导致了资产泡沫的迅速膨胀,在 1992—1996 年间又过于紧缩。

(2)央行货币政策是否应该对资产泡沫作出反应

从 1985—2003 年,对于日本央行的货币政策评价存在这样一个核心理论问题:央行是否应该遏制资产泡沫的产生? 这涉及央行的政策目标的讨论。

在资产泡沫形成时期,日本的货币政策面临着两难:

● 通胀稳定,汇率升值,要求降低利率,即实行宽松的货币政策;

● 投资品价格升值,要求提升利率,即实行紧缩的货币政策。

日本央行的中期调控目标是盯住通胀率的,而并不是调控资产价格的,日本央行在当时采取的是宽松的货币政策。很多学者认为日本货币政策的错误就是在上世纪 80 年代后半期过度宽松,使得资产泡沫越来越大。但是对于这个问题,即在通胀稳定而资产泡沫膨胀的经济情况下,央行应该采取怎样明确的货币政策,并无统一的意见。经济学的一个最基本的原则是:如果央行要完成两个政策目标,至少要用两个政策工具来完成。在当时的日本,货币政策工具是无法保证物价的稳定和资产价格的稳定这两个目标的。在1988年,当CPI和资产价格同时表示货币政策应该收紧的时候,央行当时可以进行适度的收紧。BOJ在1988年反应得慢了一些,力度不足是得到公认的。

使用货币政策来防止资产泡沫的发生,在操作层面是很困难的。首先,央行无法辨别资产价格升高,是由于经济自身的改善还是泡沫的生成。泡沫只有在刺破的时候,才知道是泡沫。其次,一旦泡沫形成,如果要刺破泡沫,需要有很高的利率,而这会对其他经济变量造成严重的扭曲,不利于经济的发展。一旦资产泡沫形成,货币政策可以参与调控泡沫的强度,但单纯的货币政策的运用是不够的。

对于日本央行是否应该就资产价格对经济的影响作出反应,很多学者持支持意见。Mishkin(2001),Mishkin and White(2003),Ito(2003)认为在控制和管理经济泡沫时,应该强调银行监管的作用而不是货币政策的作用。

(3)用泰勒规则(taylor rule)检验日本央行该时期的货币政策

$$i_t = \pi_t + a_\pi(\pi_t - \pi_t^*) + a_y(y_t - \bar{y}_t)$$

泰勒规则是央行用来评估货币政策的工具之一。名义利率在GDP与GDP预期的差和通货膨胀与目标通货膨胀之间差的基础上回归,同时还考虑一个真实利率和目标通胀率作为常数。

i_t为政策名义利率;π_t^*为目标通货膨胀率;r_t^*为长期均衡利率;π_t为以GDP平减指数为衡量的通货膨胀率;y_t为真实GDP的对数;$\bar{y}_t$为未来产值的对数;公式左边的数值,应该是通常央行采用的目标利率值。当实际利率低于t期的目标利率时,货币政策被认为是过度宽松的;当实际采用的利率高于t期的目标利率值时,货币政策被认为是过度收紧的。

根据GDP平减指数计算,从1998年开始,央行的目标利率就是负数,但是在1997—1998年,得出的结论却是目标利率应该是正的。按照CPI计算出来的结果,自2002年开始,目标利率就应该为正了。这两个结果都是不尽如人意的。

综上所述,货币政策失败在根本上导致了日本"失去的十年"。通过实证研究与比较,可以得出:日本央行的货币政策在遏制泡沫形成时反应过晚,在泡沫急剧膨胀时反应过激,在经济通缩时期,反应过晚过迟。货币政策的方向及程度上的误判,要对日本经济"失去的十年"作出解释。同时,日本央行货币政策的使用,也反映出央行在货币政策的目标设计上,在经济提供多重复杂的货币政策信号时,应该货币政策、财政政策协同运用,以达到今天复杂的经济现象所要求的宏观经济政策目标。这对中国的人民币国际化以及在宏观经济政策的设定时,提供了重要的借鉴。随着日本资产泡沫的破裂,就此日元国际化的发展告一段落。

6.3 战略层面原因

6.3.1 边缘化的国家创造边缘化的货币

所谓体系,必然是多方主权货币发行国结成某种货币协同运作的机制。当今的牙买加货币体系,又被经济学界戏称为"布雷顿森林体系II",言外之意,它是布雷顿森林体系树立美元在体系中的绝对霸权地位的翻版。同时,按照特里芬在上世纪60年代的经典预测,在布雷顿森林体系下,美元无以维持作为世界中心货币的,保证货币的充足流动性的义务与保持美元币值稳定的责任之间的平衡。这种两难选择,导致布雷顿森林体系的破产。在牙买加体系下,美元保持着相同的货币霸权,但却可以完全不受其责任与义务的约束,而使货币霸权服务于美国经济。凭借其全球中心货币国的地位,被其持久的贸易赤字、国际收支赤字和财政赤字等三大赤字融资。

这种一国输出主要世界货币流动性,其余世界为其买单的"体系",就是日本在80年代日元国际化时期步入的体系。

美国无疑是一个时代的伟大的世界体系缔造者。回想20世纪前叶,美国超越英国成为国际货币体系的领导者之前,英国同样是凭借其在全球"日不落帝国"的英联邦优势,实行了贸易关税减免,在英联邦内部使用英镑进行贸易计价与结算。英联邦的政治设计,是富有那个时代的政治远见的。在英联邦"体系"内部,形成了天然的英镑货币区,维持了英镑的霸权,延长了英镑的世界中心货币的时间。

欧元的实现,也是欧元区各国政治高度妥协的结果。欧元区各国意识到可以牺牲各国央行的货币发行权,以政治妥协换取更大的经济利益。

日本在上世纪80年代,在其强大经济体量的支撑下,开始了日元国际化的进程。但是在日本经济泡沫破裂前,日元的国际化一直都是在美国的影响下被动进行的。日本政府在80年代,没有一个明确的日元国际化蓝图。日元的国际化,自然也就从属于既定的美元驾驭的国际货币体系之中,无法有大的发展。在美元驾驭的国际货币体系之下,日元的国际使用虽然有量的提升,但无质的飞跃。通过实践证明,在日本经济健康发展的时期,日元进一步得到了国际社会的认可,但终究只能扮演边缘化的角色。日本由于没有一个以日元为国际货币的整套经济金融及政治制度的系统设计,在经济好光景时,日元便被世界欣赏。在经济衰退时,日元将被世界遗忘。它是在以美元为核心的国际货币体系下的一个可有可无的"装饰"。人民币国际化的命运,就在于可否在现有的货币体系下,走出一条更加成功的发展道路。

6.3.2 经济优势未能转化为金融及货币优势

日元的国际化,在上世纪80年代日本经济快速发展时期,一直是政府的从属经济目标。每每为了维护日本贸易的增长,政府采取日元贬值的政策,以保证出口稳定增长。多年来,日元的汇率政策都被作为实际的出口刺激政策。在日元汇率90年代长期无方向性的困扰下,本来日元储备率较高的亚洲国家也纷纷开始放弃日元,而转向美元或本国货币。其实日本政府换取的贸易收益,远不及失去的日元国际化后的金融货币收益深远。

伴随着70年代后全球货币发行史无前例的扩张,虚拟资产与金融资产恶性膨胀,全球真实经济增长速度却大幅度下滑,金融资产与GDP的比例暴涨。上世纪70年代,全球金融资产与GDP之比还不到100%,今天已经超过400%。虚拟经济与真实经济发展严重失衡(发达国家虚拟经济增长速度更快),成为了牙买加体系下美元责任与义务失衡的最显著特征。今天,经历了全球金融危机之后,发达国家进行了前所未有的货币超发,虚拟经济与真实经济发展的失衡更加显著。在这样的全球化时代,国际货币发行国的金融市场(债券市场、股票市场和货币市场)必定是全球的金融中心。没有强大的金融体系的地位,无法承担合格的国际货币的职责。

80—90年代的日本,被动进行了系列金融体系改革,但是最终由于本国金融体系的历史束缚以及对本国金融利益的保护,金融市场的纵度和深度都不够,最终无法支撑日元国际化对金融体系的要求。

6.3.3 国际货币输出的最终目的是成为世界最后贷款人

通过论文前章节的分析,可以看到日本在国际资本输出中,多采用日元融资,美元(或他国货币)计价,多投资于海外有价证券,以期求高利率回报。为维持国际收支平衡,日本银行机构的短期借款中也多使用美元等外币计价,以避免货币币种错配的风险。

美国作为国际中心货币的发行国,担负着为世界提供货币流动性的责任。美国央行会向世界各国进行资本输出,以期为世界各国提供货币流动性,同时,向世界吸纳短期借款,以保持美元币值的稳定。

作为国际货币发行国的美国和日本,同样是在国际资本流动中采用了"短借长贷"的模式,但是动机却截然不同。日元"短借长贷"的动机是以外币(美元)计价长期贷款以保值增值,以美元计价短期借款以平衡收支和冲销外汇风险。美元的"短借长贷"的动机是以本币贷款以向世界输出美元,成为世界最后的贷款人,并以本币借款以保持美元价值稳定,为世界流动性融资。

不同的货币动机,导致日本在追求资产保值增值利益的过程中,忽略了作为国际货币应该履行的为世界提供货币流动性的最重要的责任。日本同时忽略了没有成功打造为世界输出流动性,成为最后贷款人的货币,该国货币也只能成为世界各国投资和投机的对象。日本的国际资本输出的动机是出于投资收益,国际资本对日元计价资产的投资,也同样是出于投资收益。这也很完美,因为付出的就是得到的。

6.3.4 国际贸易中的弱计价权,强结算权

在很多学术界关于日本国际化的讨论中,将计价权与结算权合为一体讨论。事实上,这完全是国际货币的两个不同的职能。国际贸易中使

用日元结算更容易实现,但是日元始终没有被国际社会接受成为主要计价货币。全球资源和战略能源(非洲、中东、俄罗斯、南美)均以美元计价,美国的金融机构控制的金融期货交易所决定着大宗商品价格的浮动。日本或中国都无法摆脱被动的价格接受者的命运。日元的国际化倘若只拥有结算权而没有定价权,日元最终的性质只能是成为"套利货币"。

6.3.5 央行货币政策导致日元国际化的最终失败

《广场协议》给日本的教训,就是日元汇率政策被作为事实上的出口激励政策掌握在大藏省手中。本来出口激励政策应该是财政退税力度和出口管制的事情,但在日本,汇率信号却承担起这样的责任。作为调节一国经济外部均衡的汇率政策丧失独立性是非常危险的。

同时,在日本经济出现资产泡沫化的80年代末,央行的货币政策调控出现得太晚,政策调整随后又太过激,在调控资产泡沫与低通胀之间,本应多种宏观政策调控工具同时使用,以达到多重宏观政策调控目标,但是日本的货币政策在两个调控目标之间摇摆,导致本有空间可以避免的经济衰退变成事实。

6.3.6 日元国际化缺乏战略布局和政治远见

欧元之父蒙代尔认为:"目前世界已形成了美元、欧元两大区域,因此亚洲也迫切需要实施共同货币。中国、日本、韩国及东盟都应该考虑建立亚洲共同货币的可能,并且着手为实现共同货币做准备。"

当日本急于在美国的压力下,以日元融资、美元计价的方式,大量在发达国家进行投资的时候,与其制造业高度一体化的亚洲市场并非获其青睐。80—90年代,日本一度使日元贬值,以保护贸易增长。日本无法做到舍贸易顺差而打造强国货币。在90年代末,日本高调提出实现日元的亚洲区域化战略的时候,日本经济已经一蹶不振,一切醒悟都来得太迟了。

7 日元国际化对人民币国际化的路径启示

7.1 实现亚洲货币区的可能及锚货币的选择

亚洲及大洋洲国家间的亚洲洲内贸易持续攀升,占亚洲总贸易量的42.5%左右。亚洲与美国的贸易占亚洲总贸易量的20%左右。美国仍然是亚洲国家最大的贸易国,这也就很容易解释美国及美元在亚洲所占的重要地位。

按照 Frankel(1992)的计算,区域内贸易偏好指数(intraregional trade bias index,即一区域的区域内贸易占区域总贸易额与该区域贸易额占世界总贸易额之比)。亚洲的区域内贸易偏好指数从 1980 年的 2.2 跌至 1989 年的 1.9。

日本对亚洲的直接投资在上世纪 80 年代下半期增长迅速。在上世纪 70 年代,投资大都集中在少数国家,如印度尼西亚和菲律宾等,而在上世纪 80 年代后,日本直接投资的亚洲国家,范围变得更广。在此情况下,无论从计价货币、投资货币还是价值储存的角度,日元都没有取代美元,成为亚洲区域的中心货币。

但是亚洲区构建一个以日元或人民币为中心的区域货币区域,并不是没有可能。在欧元区实现前的欧洲货币体系,实际上就是一个以德国马克为中心货币的货币区域。当时,德国马克占到了欧洲货币体系国家的全部外汇储备中的 23.4%,而同期美元占该区域外汇储备的 57.9%。当时法国的外汇市场中 43.8% 的交易是与德国马克相关的,而 71.9% 是兑美元的交易(外汇交易总和是 200%)。其他的前欧洲货币体系的国家都可观察到同样的情况。德国马克在欧洲货币体系中仍然充当着"锚货币"的角色,保证欧洲货币体系货币价格的稳定性。

区域货币体系的"锚货币"通常可以起到不同程度的作用。在最严格的"锚货币"制度下,该区域的各国货币都实行对锚货币的联系汇率(pegged exchange rate)。一种更自由的体系,则是货币区各国与锚货币国家保持通货膨胀率的大致相同,或在各国制定货币政策时,盯住锚货币国的货币政策的变动。人民币在未来更适合充当一个比较温和的亚洲区域"锚货币"的角色。

表7-1 亚洲国家对美元及日元的价格波动的相关系数

	1980—1985		1986—1991	
	美元	日元	美元	日元
韩国	0.295	0.004	0.019	0.058
台湾	0.015	0.175	0.018	0.176
香港	-0.119	-0.008	0.055	0.038
新加坡	0.303	0.034	0.440	0.122
马来西亚	0.042	0.027	0.101	0.302
泰国	0.261	0.211	0.046	-0.036
菲律宾	0.175	0.052	-0.156	0.146
澳大利亚	-0.182	0.064	0.128	0.279
新西兰	0.183	0.071	-0.081	-0.076
印度尼西亚	0.055	-0.127	0.088	0.052

资料来源：Shin-Ichi Fukuda, the Structural Determinants of Invoice Currencyes in Japan. 1995

通过日元国际化直接融入美元精心构筑的全球化货币体系中以失败而告终的经历可以看出，新兴国际货币的发展，必然要打造出一个以此货币为中心货币的另类货币联盟。这只能在区域布局中寻找到一条路径。本论文认为，区域货币联盟并非只限于地域靠近的国家之间的联盟，当然地域靠近有天然的贸易和产业一体化优势。区域货币合作也可以想象在不相毗邻的发展中国家与发达国家，或发展中国家与发展中国家间建立，今天中国主导的金砖体系就是这样一个例子。当然，对于中国来说，目前呼声最高而且最形成一体化产业规模及贸易投资互补优势的仍然是东亚区域经济货币一体化格局的建立。周边区域内推动区域货币一体化，使本国货币发挥"锚货币"的作用是推动区域货币一体化的重要条件。而一国货币成为区域内部的"锚货币"，又会为其货币国际化起推动作用。

人民币在亚洲的表现非常抢眼，锚货币潜质日渐凸显。一方面由于中国在世界影响力逐步提升，尤其在亚洲的影响力与日俱增，与周边国家贸易往来体量增大,中国的经济发展与周边国家经济动态关联日趋紧密。从另一方面来看,人民币经过两次汇改后,与东亚货币整体关联度提高,呈现联动态势。东亚各经济体汇率制度从单纯盯住美元转向盯住货币篮子的趋势,在这种切换中,人民币对其汇率影响明确显现。

综合当前各方信息来看,人民币在区域化进程中已有一定成果,但其区域化影响力究竟如何,是否已经达到亚洲"锚货币"的地位还有待量化验证,本文依据通用研究"锚货币"的量化模型,采取对亚洲11个主要经济体的汇率数据的量化分析,对其变动原因进行探究,力求细化其货币篮子组成,分析其组成中美元、欧元、日元、人民币等货币比例,各货币对目标自身汇率波动的影响力。其中美元仍为世界性基础货币,欧元经过区域化发展后成为仅次于美元的标志性货币。而日元在日本政府大力推动其国际化多年后,也在亚洲贸易结算中占有一定比重,作为亚洲最大的经济体,人民币对亚洲各国的汇率影响与日元做比可以说明确显示出人民币在亚洲影响力的变化。

我们在分析人民币"锚货币"的地位后,还就其地位产生原因采用了另一组计量模型进行研究,对其原因从贸易额度比、通胀比、股指比等多方面进行解读。

7.1.1 人民币成为东亚锚货币的计量研究

7.1.1.1 研究模型和数据来源

我们知道,货币有三种职能,分别为交易媒介、价值储藏和计价单位,每一种职能又通过官方和私人两个层面来实现。Cohen(1971) and Kenen(1983)总结了货币职能的实现,如表7-2:

表7-2 货币职能的实现

	官方	私人
交易媒介	干预汇率稳定的货币工具	货品交易和金融交易
价值储藏	外汇储备	货币置换
计价单位	维持本国币值相对计价外币的稳定	货品计价和金融产品计价

资料来源:Cohen,1971。

7 日元国际化对人民币国际化的路径启示

从上表我们可以看出,如果很多国家的货币与某一货币的兑换比率的保持相对稳定,不管这种币值的相对稳定是来源于政府的宏观调控还是市场的供求推动,我们都可以说该"某一货币"从货币计价单位职能的角度看实现了国际化。我们把其他国家在决定本币汇率时所参考的目标货币称为"锚货币",很明显,很多国家参考的都是一篮子货币,即一篮子"锚货币"。

一国货币成为国际货币的通常会分为几个阶段,而第一个阶段就是成为地区或全球的锚货币。Chinn and Frankel(2013)认为,2013年人民币已经成为全球范围内仅次于美元和欧元的锚货币,而且,他们进一步指出,在东亚范围内,人民币已经超越美元成为第一锚货币。这样的结果显然跟人们的直观经验差别很大,为理清真相,我们用更严格和多样的计量手段对人民币在东亚地区作为锚货币的地位做了分析,并对锚货币地位的影响因素做了模型分析。

我们的研究分为两步,第一步研究美元、欧元、日元和人民币是否成为东亚11个国家或地区的锚货币,第二步研究锚货币地位的影响因素。

第一步的模型为:

$$d\left(\ln\left(\frac{Y_t}{SDR_t}\right)\right) = \alpha + \beta_{1y} * d\left(\ln\left(\frac{US_t}{sdr_t}\right)\right) + \beta_{2y} * d\left(\ln\left(\frac{EUR_t}{SDR_t}\right)\right) + \beta_{3y} * d\left(\ln\left(\frac{JAP_t}{SDR_t}\right)\right) + \beta_{4y} * d\left(\ln\frac{RMB}{SDR_t} + \varepsilon_{ty}\right)$$

公式(1)中,$\frac{Y_t}{SDR_t}$表示东亚Y国相对特别提款权(SDR)的汇率,则等式左边表示Y国汇率t期相对上期的变化率,等式右边表达式的含义同理。整个公式就是回归Y国家在确定汇率时参考美元、欧元、日元和人民币篮子的权重,即β系数。一般来说,系数显著不为零代表该货币是Y国的锚货币,系数越大,影响越大。

由于中国是在2005年开始实行放弃固定汇率制的,即实施有管理的浮动汇率制的,所以我们选择的研究区间段为2005/01至2013/12。图7-1为该区间段人民币兑换美元的走势图。

2005年至2013年人民币兑美元汇率

数据来源：Wind

图7-1　2005年至2013年人民币兑美元汇率走势图

由图7-1可以看出,人民币相对美元一直处于升值状态,其中,在2008年8月至2010年8月期间,人民币兑美元比率基本保持固定,这使得人民币价值变动和美元价值变动存在强烈的线性相关性,所以我们打算剔除2008/01年至2010/12期间的数据。这样,数据自然分成了2005/01至2007/12和2011/01至2013/12两个区间段,我们将分别对这两个区间段回归方程(1),这样也可以比较美元、欧元、日元和人民币作为东亚锚货币地位的变化。

第二步的模型为：

$$\beta_{iy} = \theta + \gamma_1 * TradeRatio_{iy} + \gamma_2 * InflationCorry_{iy} + \gamma_3 * StockCorr_{iy} + \xi_{iy} \quad (2)$$

公式(2)中,β_{iy}表示公式(1)中东亚Y国货币和$i(i=1,2,3,4)$国货币(1国代表美元,2代表欧元,3代表日元,4代表人民币)的回归β值,$TradeRatio_{iy}$代表Y国与i国相互贸易额占Y国贸易总额的比重,$StockCorr_{iy}$代表Y国通货膨胀和i国通货膨胀的线性相关系数,$InflationCorry_{iy}$代表Y国股指与i国股指的线性相关系数,γ_i为相应的回归系数。整个方程表示相互贸易、股市相关性和通胀相关性对锚货币地位的影响。

美国与东亚11国的贸易数据来自美国劳工统计局,其他贸易原始数据来自Wind数据库,通胀数据来自Wind数据库,美国和欧元区股指来自 IMF 报告,其他股指来自 Wind 数据库。

7.1.1.2 计量过程与结果

我们用上述两个时间段的数据对公式(1)进行了回归,得到的结果分别如表 7-3、表 7-5:

表 7-3　2005 至 2007 年锚货币回归

	Intercept	RMB	US	JAP	EUR	Adj_R2
AUS	-0.00171 (0.0048)	0.02954 (0.85693)	0.5948 (0.13291)	-0.51981 ＊＊＊ (0.13291)	1.03717 ＊＊＊ (0.19577)	0.5322
KOE	-0.01332 (0.00939)	-296482 ＊ (1.67772)	2.84887 ＊ (1.46277)	-0.29174 (0.266022)	-0.14969 (0.01441)	0.0493
HON	-0.00011 (0.00035)	-0.05471 (0.06306)	1.02894 ＊＊＊ (0.05498)	0.01186 (0.00978)	0.01649 (0.01441)	0.9844
IND	0 ＊＊＊ (0)	0 ＊＊＊ (0)	1 ＊＊＊ (0)	0 ＊＊＊ (0)	0 ＊＊＊ (0)	1.0000
MAO	-0.00008 (0.00031)	-0.05468 (0.05491)	1.02347 ＊＊＊ (0.04787)	-0.00228 (0.00852)	0.02539 ＊ (0.01254)	0.9879
MAR	0.00019 (0.00207)	0.72976 ＊ (0.37032)	0.14435 (0.32288)	-0.12443 ＊＊ (0.05744)	0.27015 ＊＊ (0.0846)	0.6359
PHI	-0.00658 ＊ (0.00364)	-0.32109 (0.65076)	1.13459 ＊ (0.56739)	-0.0995 ＊＊＊ (0.14867)	0.3548	
SIN	-0.00125 (0.00169)	0.4029 (0.030141)	0.16346 (0.04675)	0.336464 ＊＊＊ (0.06886)	0.7160	
TALL	-0.00657 (0.00655)	-0.99451 (1.17035)	0.93088 (1.022041)	-0.01533 (0.18153)	0.36416 (0.26738)	0.0963
TAI	0.00124 (0.00256)	0.50987 (0.45691)	0.45508 (0.39837)	0.09966 (0.07087)	0.21938 ＊＊ (0.10438)	0.6549
VET	0.00147 ＊ (0.00078)	0.11575 (0.13924)	0.85971 ＊＊＊ -0.1214	0.00531 (0.0216)	0.0179 (0.03118)	0.9234
Significant	3	3	6	4	7	

＊significant at 10% ; ＊＊significant at 5% ; ＊＊＊significant at 1%

从表 7-3 可以看出,泰国(TAIL)货币的回归模型中,任何系数都不显著,其调整后的 R^2 小于 0.1,所以泰国显然不以美元、欧元、日元和人民币为锚货币篮子,我们在后面计数时将泰国剔除。表 7-3 显示,10

· 147 ·

个国家或地区(剔除泰国)中,6个以美元为锚货币(β显著不为零),7个以欧元为锚货币,人民币和日元分别为3个和4个,由此我们可以看出,在2005年至2007年间,东亚地区的主导锚货币为美元和欧元。同时,数据似乎表示人民币作为锚货币地位也很重要,韩国(KOE)、印度尼西亚(IND)和马来西亚(MAR)都把人民币作为参考货币。但仔细观察,我们发现韩国和印度尼西亚的R^2都很异常,且印度尼西亚的非美国国家β值均为零。回到汇率数据,我们发现美元兑印尼盾的比例从2005/01至2013/12期间一直为1∶10000,所以,印尼盾仅以美元为锚货币。接着,我们看看美元兑韩国元的比率,如图7-2:

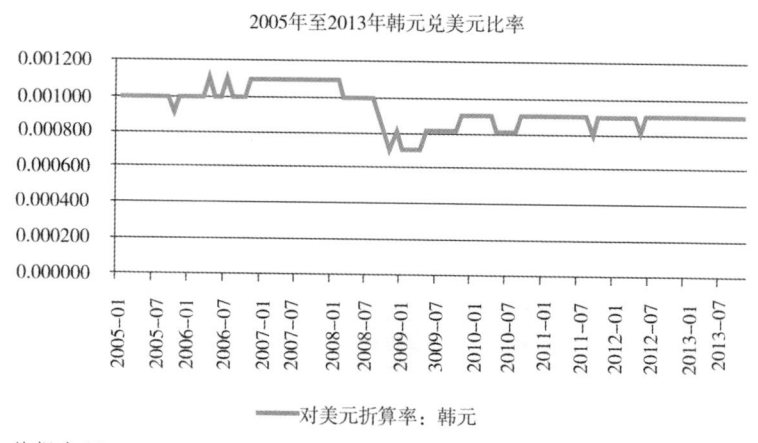

2005年至2013年韩元兑美元比率

图7-2 2005年至2013年韩国元兑美元比率

数据来源:wind

由图7-2可以看出,韩元有明显的绑定美元的倾向,同时其存在非线性的波动,这也是其R^2小于0.1的原因。此时,我们还需要解释绑定美元的韩元为对人民币和美元的回归系数为何近似互为相反数。为此,我们对公式(1)的回归做了复共线性检验,结果发现最大特征根和最小特征根的比值为39,复共线性不显著,但检验结果也显示人民币和美元有微弱的线性关系。我们认为是人民币和美元之间存在有负的微弱线性关系,从而导致了上述系数的近似互为相反数。图7-3为人民币和美元的汇率走势:

7 日元国际化对人民币国际化的路径启示

2005至2013年SDR兑人民币和美元比率

数据来源：wind

图 7-3 2005 年至 2013 年特别提款权兑人民币和美元比率

由图可以看出,回归期间内,人民币处于升值通道而美元处于贬值通道,这就解释了为何韩元近似绑定了美元却仍与人民币存在显著的负相关性,其原因在于人民币与美元微弱的负线性相关。同时,韩元对美元的 β 大于 1(代表着对美元汇率变动的过度反应)也可以被上述回归方程微弱的复共线性解释,图 7-4 画出了韩元回归方程的岭迹图：

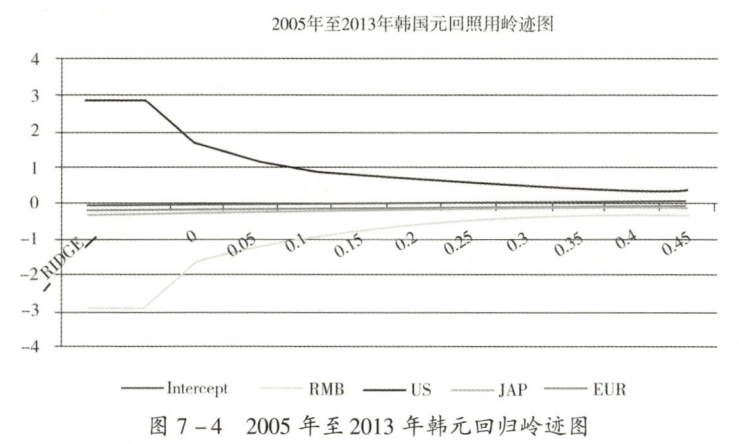

2005年至2013年韩国元回照用岭迹图

图 7-4 2005 年至 2013 年韩元回归岭迹图

由图 7-4 可以看出,当岭估计参数为 0.15 时,回归系数就比较稳定了,此时回归系数如表 7-4：

· 149 ·

表7-4 2005年至2013年韩元回归岭估计系数(参数为0.15)

Intercept	RMB	US	JAP	EUR
-0.00511	-0.87926	0.95683	-0.24151	-0.17390

同时,我们所有国家的回归都进行了异方差检验,结果显示不存在显著的异方差。至此,我们完全修正了韩元的统计异常,我们可以确信韩元以美元为唯一锚货币,对人民币负的 β 值源于人民币和美元微弱的负线性相关性。

接着,我们对2011/01至2013/12期间的数据也进行了方程(1)回归,结果如表7-5:

表7-5 11至13年锚货币回归

	Intercept	RMB	US	JAP	EUR	Adj_R2
AUS	-0.00905 (0.006)	-3.3813** (1.497)	3.47455** (1.5949)	0.27507 (0.1911)	0.84097*** (0.1591)	0.4853
KOE	-0.01026 (0.0072)	-3.53471* (1.7837)	4.42593** (1.9002)	-0.02596 (0.2277)	0.83064*** (0.1895)	0.4382
KOE	-0.00012 (0.0003)	-0.03627 (0.07011)	1.02156*** (0.0747)	-0.00125 (0.009)	0.01924** (0.0075)	0.9853
HON	0*** (0)	0*** (0)	1*** (0)	0*** (0)	0*** (0)	1.0000
MAO	-0.00001 (0.0003)	0.01968 (0.0689)	0.96472*** (0.0734)	-0.00419 (0.0088)	0.01567** (0.0073)	0.9857
MAR	-0.00286 (0.0037)	-1.35878 (0.921)	2.00716** (0.9812)	0.05095 (0.1176)	0.43981*** (0.0979)	0.4952
PHI	-0.005799 (0.003)	-1.69827** (0.7364)	2.61665*** (0.7845)	0.16504* (0.094)	0.24956*** (0.0782)	0.5547
SIN	-0.00603** (0.0027)	-1.50049** (0.6618)	2.05404*** (0.705)	0.20431** (0.0845)	0.50899*** (0.0703)	0.7250
TAIL	-0.00345 (0.0034)	-1.37706 (0.8295)	2.45214*** (0.8837)	0.05522 (0.1059)	0.3332*** (0.0881)	0.5730
TAI	-0.00296 (0.0025)	-0.54211 (0.6282)	1.32171* (0.6693)	0.6953 (0.0802)	0.29069*** (0.0668)	0.6084
VET	0.0004 (0.0023)	-0088793 (0.5612)	2.28232*** (0.5978)	0.02607 (0.0716)	-0.07244 (0.0596)	0.6249
significant	3	5	11	3	10	

* significant at 10%; ** significant at 5%; *** significant at 1%

由表7-5可见,该时间区间段的回归效果更好,通过对调整后的 R^2 小于0.5的回归方程进行类似05至07年时间区间段的审慎校正,我们最终得到两个时间区间段的美元、欧元、日元和人民币被东亚国家作为锚货币的数量,如表7-6:

表7-6 美元、欧元、日元和人民币被东亚11国作为锚货币的国家数量

期间	有效数量	RMB	US	JAP	EUR
2005/01-2007/12	10	1	6	3	6
2011/01-2013/12	11	4	11	2	9

由表7-6可以看出,从货币的计价单位职能角度看,美元和欧元在2005年至2013年间在东亚地区一直占据着绝对的主导地位,是东亚地区的绝对锚货币,同时,人民币的影响力也在快速提升。

在我们模型的第二步中,我们用公式(2)对β系数的决定因素做了计量分析,结果如表7-7:

表7-7 锚货币地位决定因素回归分析

	Intercept	StockCorr	InflaCorr	TradeRatio
2005/01-2007/12	-1.9647* (1.0437)	1.9242* (1.0773)	0.1171 (0.3618)	6.1308* (3.0668)
2011/01-2013/12	-1.3436* (0.6758)	1.4482** (0.6466)	0.7805 (0.5642)	9.6636 (7.6421)

* significant at 10% ; * * significant at 5% ; * * * significant at 1%

同时,两个时间区间段的回归方程都不具有异方差性和复共线性(剔除截距项以后)。由表7-7我们可以看出,证券市场的相关性以及相互贸易对锚货币的地位具有显著的影响。

如果上述结论成立,相互贸易的变化应该可以微弱地解释人民币作为锚货币地位的上升,表7-8列出了两个时间段中国、美国、日本和欧元区对东亚各国贸易比重的平均值。

表 7-8 中国、美国、日本和欧元区对东亚各国贸易比重的平均值

	中国	美国	日本	欧元区
2005/01 – 2007/12	0.024	0.109	0.121	0.09
2011/01 – 2013/12	0.041	0.088	0.11	0.071

从表 7-8 可以看出,人民币在东亚地区作为锚货币地位的弱势确实与其贸易比重过低有关系,且其在 2011/01 – 2013/12 期间被作为锚货币的国家数升到 4 个也与其贸易比重的上升有一定关系。但表 7-8 似乎暗示日元应该也会作为东亚主导的锚货币,但是,在美元和欧元作为全球货币的背景下,日本跟东亚地区的贸易大都是以美元或欧元作为交易介质的。换言之,若计量以美元或欧元交易的贸易比重,美元或欧元的贸易比重则会远远高于日元的贸易比重。由此我们可以看出,贸易比重只是影响锚货币地位的众多因素中的一个,要推动人民币国际化,我们一定要配套其他的改革。

7.1.2 实证结论分析

本文的实证研究产生了如下结论:

模型一显示:2005 年至 2007 年,在东亚 11 个经济体中,美元和欧元均在其中 6 个经济体中被作为锚货币,而人民币只被 1 个经济体作为锚货币。2011 年至 2013 年,美元和欧元被作为锚货币的经济体分别上升到 11 个和 9 个,依然占据着绝对的主导地位,但此时人民币已经被 4 个经济体选择作为锚货币。上述结果表明,人民币并非欧美经济学家预测中所说的那样已经超越美元成为东亚地区的主导锚货币,但是人民币在东亚区域取代日元成为"锚货币"的趋势是显而易见的。

同时,我们发现研究模型出现了一些异常,即回归系数显示,一些国家的汇率与人民币汇率呈反向运动趋势。我们通过深入到原始数据分析,发现这是由于研究区间内,美元微弱的贬值趋势、人民币强势的升值趋势是两者间微弱的线性关系导致的。我们通过岭估计技术合理地解决了系数的不合理。在调整完系数后,我们对模型二进行了计量分析,

结果发现国家间的相互贸易以及金融市场的相关性对锚货币地位具有显著的影响。通过回归到原始贸易数据,我们发现美国和欧元区对东亚地区极高的贸易比重是导致这两个经济体货币主导东亚地区"货币篮子"主要动因。同时,日本高贸易比重,低锚货币地位的现象也表明,锚货币地位还是其他宏观政策的影响。

通过上面的研究结果,我们提出了推进人民币跨境结算、完善金融市场和加速资本项目开放的政策建议。同时鉴于相互贸易对锚货币地位的强大推动力,我们建议中国加快建设同发展中国家的市场交易网络。

7.1.3 中日货币在东亚区域化合作的进展

7.1.3.1 亚洲区域货币合作模式的可行模式

国际区域货币合作的模式通常包括三种,即单一货币联盟模式,主导货币区域化模式和多重货币联盟模式。

单一货币联盟模式是指区域内成员国承诺放弃本国货币发行权,在区域内创立和使用全新的同一货币模式。欧元区的统一货币是这一模式的成功典型,单一货币联盟对区域内各经济体的经济条件有相当严格的限制,东亚区域内各个国家和地区巨大的经济差异性使得单一货币联盟模式无法实现。

主导货币区域化模式实质是用一种国别货币,在政府法定或私人部门的选择下,最终直接取代本国乃至第三国的货币,发挥区域货币的职能或作用。在布雷顿森林体系下,美元通过官方协定的方式被确定为全球性主导货币。布雷顿森林解体后,许多国家仍然采用显性或者隐性的盯住美元的汇率制度,形成了在一定区域内的美元主导。在拉美地区的一些国家,美元成为区域内的法定通货,形成了在一定区域内的美元主导。在东亚地区,汲取亚洲金融危机的教训,各个国家和地区正致力于脱离与美元挂钩的汇率制度,区域内不存在具备主导货币能力的货币,因此主导货币区域化模式在东亚行不通。

多重货币联盟模式是一种折衷模式,即先在区域内具备条件的次区域进行货币合作,然后逐渐向单一货币联盟的合作形式过渡。在亚洲区域合作的过程中形成了一种强调非正式性和达成共识的"亚洲传统"。亚洲传统尊重各方的差异性,在合作策略上强调求同存异。而欧洲货币合作重视通过正式的谈判和协议来解决分歧,通过谈判各方的妥协和让步来实现合作。亚洲传统式的东亚地区很难在整个区域范围内达成一致意见,因此无法直接推行区域性货币。亚洲传统决定了东亚货币合作将是一个长期、渐进的过程,多重货币联盟模式是东亚货币合作的现实选择。

7.1.3.2 东亚货币合作框架下的中日竞争与合作

欧洲货币合作的经验表明,一国货币的国际化与国际区域货币一体化之间是可以相辅相成的。国际区域内轴心国家(轴心国)的推动和国际区域内强势货币(锚货币)的作用是区域货币一体化的重要条件,而区域货币一体化的实现又会加速一国货币国际化的进程。

在东亚地区经济贸易合作的起步和发展过程中,东盟扮演了实际的领导角色,并起到核心的推动作用。中国和日本联合在东亚地区经济合作中提供领导作用也具有可操作性:第一,中日两国已经在东亚经济合作中的某些领域共同担负起比别国更多的责任;第二,从国际环境来说,欧洲和北美的贸易金融合作加深,使中国和日本感到一种可能被边缘化的紧迫感;第三,中日之间虽然在两国关系的问题上麻烦不断,但是两国经济关系继续发展并没有减缓迹象。第四,从未来发展方向看,中国和日本从基本价值观和经济发展模式方面没有本质的矛盾和对立。

总之,我国已经确立到2020年,将上海基本建成与我国经济实力以及人民币国际化地位相适应的国际金融中心的总体目标。一国货币国际化最终是一国经济实力水平的体现,但这种经济实力并不仅仅局限于GDP指标数值的大小,而是涵盖了一国科技水平的高低,资源配置方式是否合理,市场主体是否具有竞争力和多样性,是否具有公平合理的市场环境以及宏观调控和金融制度是否完善等等(郝宇彪,田春生,2011)。

在竞争能力方面,日元与人民币各有所长。东亚货币合作需要一种稳定的货币充当"锚货币",中国与日本作为区域内最大的两个经济实体,人民币与日元在东亚货币合作中必然存在竞争关系。从中日两国与东亚区域内成员间的贸易联系,从币值稳定程度及声誉这两方面来说,人民币具有一定的比较优势。

从两国的经济实力看,中国的经济规模和国际经济地位优于日本。从两国的技术水平来看,日本的技术水平和产品质量高于中国,出口品中技术含量高的差异化产品占主要地位。从国内金融体系发达程度这个角度考虑,人民币或日元都不存在明显的竞争优势。从金融市场建设上来看,日本在经过30年的金融自由化改革后,已经建立起发达的金融体系和完善的金融市场。东京外汇市场是世界上最重要的外汇市场之一,在扩大日元国际流动性方面发挥了重要作用。中国则面临着艰巨的金融改革任务。

从两国货币与区域货币的汇率关联性看,人民币与区域货币的关联性相对高于日本。方霞、陈志昂(2009)利用 G—PPP 模型对金融危机前后东亚货币与人民币,美元和日元的购买力趋同程度进行实证研究后的结果表明,危机前东亚各经济体货币呈现锚定美元,危机后呈现锚定人民币的现象。

日本是东亚区域金融合作的最初推动者。在1997年亚洲金融危机之后,日本就提出了新宫泽构想、亚洲货币基金构想等一系列区域金融合作方案,但大多未能实现。因东亚各国家和地区的金融市场不够发达,且发展水平差距很大,难以就金融合作问题达成多边协议。日本近年来十分重视在 EPA 框架下建立与东亚国家的双边金融合作方式。

人民币国际化在东亚区域化,如前所述,相较于日本,更具有成为地区"锚货币"的可能。从面向东亚竞争的目标看,日元和人民币都无法也无力成为与美元抗衡的国际货币,而是在国际货币金字塔中美元之下的次级国际货币地位的竞争。从竞争策略看,争取东亚货币合作的主导权是谋求更高国际货币地位的重要途径。

7.2 日元国际化进程对人民币国际化的路径启示

7.2.1 人民币国际化的目的:打造强国强币

日本在积极推进日元国际化的时期,出于对本国贸易以及贸易主导的实体经济的保护的需要,试图选择"强国弱币"的道路,是不符合历史规律的。

7.2.1.1 经济强国应具有实体经济和虚拟经济的双重优势

我国是经济大国,但还不是经济强国。

经济强国意味着我国实体经济的强大。在实体经济领域,中国在过去30余年取得的成绩是有目共睹的。但是,中国在人均GDP的水平上,2013年仍然处于世界第89位,还是一个人均相对贫困的国家。中国在2014年第三产业产出的比重首次超过了第二产业,产业结构的升级发生了一次质的飞跃,同时我国的制造业尚未形成以科技创新为核心的产业优势。

20世纪70年代以来,货币超发引致的虚拟经济严重背离实体经济而快速膨胀的事实,意味着当时世界的强国,必然具备强大的金融实力。自1970年代布雷顿森林体系瓦解以来,全球货币超发所引发的虚拟经济与真实经济的严重背离,已成为全球化经济体系的最显著特征。虚拟经济(Fictitious Economy)是相对实体经济而言的,是经济资产化或"金融深化"的必然产物。金融资产或虚拟资产与GDP的比重在20世纪70年代还不到100%,今天已经超过400%。在牙买加体系时代,具备强大的金融实力已经成为一国成为经济强国的必要条件。

7.2.1.2 "强国"应有"强币"

(1)实体经济的发展会推动货币币值坚挺。

按照巴拉萨—萨缪尔森效应,在长期经济增长的背景下,一国货币会表现出长期升值趋势。中国经济预测在2020年前,仍然可以保持相对高速的增长,为人民币币值的稳定提供了基础。

(2)金融市场的发展,会吸引国际资本流入中国,推动人民币升值。

中国金融市场的发展,可以降低人民币作为投资货币的交易成本,扩大人民币的全球使用。同时,金融市场的相关系列改革,可以促进人民币资本项下的自由流动,吸引国际资本进入中国市场,进一步推动人民币的升值。

(3)人民币国际化的战略目标的实现,要求人民币要成为硬通货。

不同于日本政府在日元国际化时期的政策选择,中国政府已经表示无论人民币升值对于贸易和生产企业的损失与金融市场的收益孰轻孰重,中国都会不遗余力地推进人民币的国际化。在人民币国际化进程中,保持人民币币值的稳定,具有重要的战略意义。

综上所述,日本在日元国际化的积极推进时期,所使用的"强国弱币"的理念,是不符合历史规律的。经济强国,要求该国成为金融强国。金融强国,要求该国货币成为国际市场的强币。所以强国必然打造强币,强币在虚拟经济严重脱离真实经济的时代,与经济强国是高度统一的。

7.2.2 人民币国际化改革的逻辑:从"结算权"到"计价权"的优势过渡

日元今天在国际贸易中作为结算货币的比例仍在30%以下,无法达到以德国制造业实力赢得的欧元的国际计价货币地位。日本作为世界曾经最大的债权国,其对外债务却主要以世界最大的债务国(美国)的货币计价,足见日元国际化最大的"短板"在于其始终无法赢得国际货币的计价地位。人民币的国际化应竭力打造出其国际货币的"计价权"。

7.2.2.1 强"结算权"弱"计价权"导致货币错配风险

人民币今天已经建立了一个相对广泛的双边货币互换、双边贸易结算和人民币清算体系,有助于人民币在国际贸易中作为结算货币的使用。同时,在中国的对外贸易和进口贸易中,人民币作为结算货币的使用比例大于出口贸易中的结算使用,赚回了大量的外币。贸易结算中货币币种的错配,加剧了我国外汇储备的积累,外汇占款增加。央行被动增加货币供给,投放货币流动性。而央行投放的基础货币影响的是短期资金,企业或个人兑换的美元影响的是长期资金,这又造成了货币的"二次错配"即"期限错配"。

因此,由于人民币在国际贸易中的弱计价权,导致贸易结算货币币种的错配,进而导致期限的错配。而货币错配的本质,在于国际收支平衡不能单纯从改善资产负债表去解决,而要从利润表上下功夫。扩大国际收支利润表的收益,最根本的办法是掌握产业链的计价权。

7.2.2.2 构建人民币的产业计价优势

经济的本质是一套价值系统,包括物质价格系统和资产价格系统。

与由成本和技术支撑定价的物质价格系统不同,资产价格系统是以资本化定价方式为基础的一套特定的价格体系。

在物质价格系统计价权的考量中,中国去试图争夺全球大宗商品的计价权似乎不太切合实际。但是中国可以调整产业结构,形成以物联信息网络与新能源为代表的新兴技术产业优势,提高产业的进口替代率和全要素生产率。同时可以依托现代高端制造工业,如高铁、航天、机器人、电子商务等产业优势,形成独特的高端制造业和新兴信息产业的全球计价权。在这些领域中,中国企业已经展示出了后发优势,具有拥有这些产业链计价权的潜力。

针对资产价格系统的计价权,我国需要大力发展金融市场,扩大以人民币计价的国际贷款,践行作为国际货币向世界输出流动性的责任。人民币在金融领域的计价优势的形成,是有很多工作要做的。但是,人民币可以尝试在选定区域内,通过区域的金融体系的构建,实现区域内人民币的金融计价职能。

7.2.2.3 产业科技化战略与金融市场开放举措的时间置换

如上所述,人民币国际化战略,要求我国迅速形成产业科技化优势,以实现人民币从国际货币"结算权"主要货币职能目标到"计价权"的过渡。同时,人民币国际化战略要求中国开放资本市场,保证人民币的自由流动。如果人民币还未形成计价优势而资本市场已经完全开放,则人民币会面临成为"套利货币"的风险,加大货币危机发生的可能。因此,资本市场的完全开放应该在人民币形成计价优势之后。保证二者时间上的协调统一,以对冲货币危机发生的风险。

7.2.3 人民币国际化的模式:地缘模式与区域模式的再定位

7.2.3.1 "发达国家模式"与"发展中国家模式"的平行发展

回顾日元国际化进程,日本该时期的贸易与投资均以发达国家为主要目的地,而很难形成前述的日元作为国际货币的计价优势。日元在真正意义上,在上世纪 90 年代日本经济衰退后成为一种载体货币(transit currency),其主要功能就是用于国际金融市场中的套利交易(carry trade)(殷剑峰,2011)。因此,以发达国家为目的地的货币国际化模式,在今天的国际货币体系下,是困难重重的。

人民币目前形成了"面向发达国家—双边货币互换协议—双边贸易本币结算协议—离岸银行间清算体系—离岸人民币债券发行"的货币国际化模式。随着2014年密集出台的人民币国际化布局,包括欧洲人民币离岸市场的快速崛起,QFII、RQFII、QDII额度的不断提升,人民币欧洲债券市场的新近发展,为人民币的国际化提供了必要的回流机制和银行间债券市场的必要的流动性。目前这个模式专注于提升人民币的国际结算职能及有效的人民币回流机制,并没有涉及更复杂的国际银行间债券市场的完善,人民币计价权的提升及以人民币计价直接进行海外投资的策略。在这个模式下,人民币国际化已经取得了很大的成绩,欧洲市场对人民币发展离岸市场的热情,足以证明人民币国际化的市场需求。

如前所述,人民币国际化的下一步将更加专注于国际定价权的比重的提升以避免成为"套利货币"的风险。因此,一条平行的人民币国际化的发展模式应该包括"面向发展中国家—人民币锚货币区—区域金融治理体系—人民币实体经济定价权+虚拟经济定价权"的人民币国际化模式。只有这样一条模式,才能够最终实现国际货币的避险属性、计价属性和储备属性。

7.2.3.2 加入全球多边体系与打造区域多边体系的平行发展

人民币国际化在一个美元拥有世界上大多数大宗商品的定价权,美国控制的金融机构拥有世界上大部分金融商品的计价权和美元提供世界上大多数的货币流动性的现有全球货币体系中,是会面临重重"去美元化"的障碍的。当今国际货币体系的严重失衡是无法在短期内得以改变的。如果最优的选择短期内无法实现,那么作出一个次优的选择,可以是中国与其他的新兴经济体,在不追求对美元反替代的前提下,通过现有的和新创建的多边货币体系,寻求为世界输送流动性的通道,以求缓解世界货币格局的失衡的现状。人民币的国际化之路,可以以区域化(非全球化)作为过渡。

(1) IMF特别提款权的设计局限

中国人民银行行长周小川曾经呼吁用特别提款权(SDR),在长期发展成超主权储备货币。周小川行长在2011年又同时表示,中国没有特别着急让人民币加入特别提款权的愿望。IMF特别提款权是由四种储备货币构成的货币篮子(美元、欧元、日元和英镑),它由IMF发行并被作为央行储备。人民币或者其他的新兴经济体,可以通过其主权货币加入 IMF 的特别提款权的方式实现货币的国际使用,为世界货币体系提供流动性。

这种多边达成的货币机制,尽管看起来有它的优势,但也同样面临许多问题。

首先,国家一旦决定在外汇储备中使用人民币,不管人民币是在该国储备中以单边的人民币形式出现,还是人民币包含在特别提款权的货币篮子中出现,只是一个统计归类的差别,并没有经济实质的分别。国际社会呼吁 IMF 进行特别提款权的改革,即使 SDR 不进行改革,各国的国家储备仍然可以在 SDR 以外单独购买人民币,根据该国需要进行人民币与 SDR 的货币配置。所以,是否使用人民币作为储备货币的核心问题,不在于人民币是否能否成功进入 SDR 的货币篮子,而在于人民币是否符合作为储备货币应具备的条件。如果人民币具备储备货币的条件,人民币不管是否成为超主权货币的组成部分,人民币都会成为他国的储备货币。如果人民币不具备成为储备货币的条件,那么讨论人民币进入特别提款权货币篮子,也是没有实际意义的。

其次,人民币成为包括 IMF 特别提款权在内的国际多边储备货币机制的一部分是很有吸引力的。多边货币机制,可以有效地减少单国货币作为全球中心储备货币所需要承担的为世界提供巨额货币流动性的责任,可以减少国际货币发行国的货币负担。但同时,IMF 作为全球货币危机时的救助机制,是受到了政治因素和规模因素左右的。今天假想世界发生一次系统性的波及大型经济体的严重危机,IMF 的特别提款权的规模必须要大规模的提升,否则对于救助大型经济体将杯水车薪。同时,如果 IMF 真正成为世界货币体系的救助机构,那么救助的条件就不应该受到政治问题的干预和左右。目前的 IMF 在对成员国的贷款发放的决策中,既充当贷款发行人又充当贷款标准的制定者。对贷款标准所设的重重限制,与作为危机贷款人的有效性是矛盾的。

所以,人民币是否通过加入 IMF 的特别提款权而有效成为国际货币,以发挥国际货币的输出货币流动性的作用,从本质上并不是人民币是否可能加入特别提款权的问题,而是 IMF 自身机制的改革问题。

在美元主导的国际货币体系中,充分发挥人民币作为国际货币的计价职能和储备职能,甚至扩大对发达国家的结算职能都是困难重重的。

现有的国际多边货币体系框架内,如 IMF 和世界银行,也存在上述的制度性障碍的。人民币在国际化的过程中,很重要的一点就是创造并形成区域的多边货币金融合作体系,也就是通常所说的人民币的区域化发展道路。

(2)区域多边货币合作机制的可能

本论文认为,人民币的区域化是一个必然的道路选择。同时,区域化包括地域彼此相邻的天然货币区域,如形成东亚货币区的可能。目前中国政府刚刚主导成立的亚洲基础设施投资银行(简称"亚投行"),就是一个中国主导的亚洲区域金融体系的新格局的开始,这是一个在亚洲开发银行、世界银行之外诞生的一个由中国主导的平行多边金融合作机制,其目的之一在于扩大人民币在亚洲投资中的使用和影响力。

同时,区域化也可以打破地域的限制,比如新近的金转银行的设计,是一个在中国发挥重要作用的在金砖国家之间形成的多边金融机制,也将发挥更大的人民币在主要新兴经济体中的作用。中国国家主席习近平近期提出的"丝绸之路经济带"的设想,提供了一种中国与欧洲的欧亚大陆经济一体化的可能性思路,也是一个战略上的区域经贸一体化及金融深化的设想。在这些中国主导并积极参与的区域金融一体化机制的设计下,人民币将增大在区域货币体系中的作用和地位,以增大人民币成为区域货币的可能性。

7.2.4 人民币国际化的保障

7.2.4.1 依法治国的法治社会

中国与日本的政府同样在经济发展及货币的国际化进程中扮演了重要的角色,这在仅有的近代几个其他货币大国的历史中是不常见的。这里关注的重点不是政府在经济活动中扮演重要角色的经济体有更大的优越性与否,而是关注在这样的体制结构下,如何让人民币成功地实现国际化。进一步保证央行及金融监管机构制定和执行政策的独立性,国有企业和国有商业银行的进一步混合所有制改革的顺利推进,都是为金融市场的纵深发展提供前提。当然,更重要的是习近平总书记在第十八届四中全会中提出的依法治国的目标。投资者如果希望在中国进行人民币资产的投资,将希望个人的投资资产获得应有的法律保护,让被投资方的行为受到法律的约束。这仅仅是涉及对行政、司法机关的权力约束作出进一步的安排,即可为人民币国际化提供重要的法治保障。

7.2.4.2 经济的可持续增长

日本在"失去的十年"甚至更久的时间,由于消费低迷而造成国民收入的差距增大,经济的一蹶不振,也导致了日元国际化进程的停滞。日本一系列的货币、财政、贸易收支、需求不足和人口老龄化等问题逐渐爆发出来。2008年金融危机爆发后,日本政府多次出台经济刺激政策,设计日元国际化的内容,但都已无力回天。从因果关系上来看,保证经济的可持续发展是提升日元国际地位,实现日元国际化的基础。

7.2.4.3 金融市场的有序开放

人民币国际化客观要求资本项目的进一步开放、利率与汇率的市场化以及金融市场的逐步完善。基于日元国际化时期的相关改革的效果,这几项制度性的改革还是要渐进式地、交叉式地推进,以保证在相关制度的改革过程中,人民币国际化所带来的政策收益,大于资本突然撤离所带来的政策风险。日元国际化时期的相关制度改革,遵循了先由外对内开放,后由内对外开放;先进行汇率市场化改革,后进行利率市场化改革;资本账户的开放随着金融市场及相关改革的推进逐步深化,直至用了近40年时间才完成了资本项下可自由兑换。从中国目前的资本项目开放及相关金融体系改革,可以看到逻辑顺序是很相似的。Frankel(2012)认为中国改革政策的顺序,突破了政治经济学的传统逻辑。中国在还没有实行资本的自由出入之前,甚至与在金融市场的改革刚刚启动之时,就开始鼓励人民币在国际市场的使用。"中国政府一方面控制资本项目的跨境流动,另一方面积极发展人民币的离岸市场,这在国际货币发展史上是没有先例的。"(Mccauley,2011)

7.2.4.4 货币币值的稳定

日本经济贸易的增长过于依赖美国而却不像美元、欧元具有强大的黄金储备做后盾,加上来自国内外的压力,其汇率极易波动。1973年到2009年,日元兑美元汇率年均变动超10%的情况出现过17次,尤其是在广场协议后,由于国内外的环境变动,日元汇率的波动幅度明显增强。1985年到1986年,曾出现日元一年升值40.5%的波动记录。日元汇率在短期内频繁剧烈波动的不稳定性,一方面说明日本政府缺乏有效合理应对汇率波动的机制,另一方面大挫日元外汇持有者的信心,不利于日元国际化的进行(吴宇、郭靖,2013)。

人民币在2005年前采取了事实上的"盯住美元汇率制"。2005—2009年,人民币对美元汇率稳健升值。在2009年金融危机期间,人民币又采取了事实上的与美元挂钩的汇率制度。自2011年起,人民币对美元汇率持续升值。适度坚挺且相对稳定的人民币汇率预期,对人民币的国际化使用将提供重要的保证。

7.2.4.5 增长方式转换与公共财政制度的协调

制约经济发展和消费增长的因素之一就是很多基础性的社会保障制度的建设还不健全,所以必须加大公共财政的支出,构建一个良好的社会保障体系。人民币升值会带来投资成本下降,可能吸引市场主体加大投资。财政便可加快推出竞争性投资领域,将更多的财力用于提供公共产品和服务上。人民币升值之后,国外农产品显得相对便宜,这对农民收入可能会形成冲击。由于农业是个土地依赖型产业,中国人均占有耕地较少,这就客观使得中国是一个农业大国,但不是农业强国。同时农民的边际消费倾向较高,消费的通常是中国城市中目前供应过剩的产品,因此要转向内需带动经济增长,一方面就是通过向农民转移支付和财政补贴;同时,外贸的转型要求进行出口退税政策等税收政策的调整。

8 结 论

在国际货币史的演进中，日元与人民币的国际化的比较和研究，是具有实际的可比价值的，对于人民币的国际化进程也是具有深远的政策研究意义的。

随着 2014 年密集出台的人民币国际化布局，包括欧洲人民币离岸市场的快速崛起，QFII、RQFII、QDII 额度的不断提升，人民币欧洲债券市场的新近发展，为人民币的国际化提供了必要的回流机制和银行间市场的必要的流动性。人民币国际化步伐在 2014 年频频加快，表明中国政府对货币国际化的决心和眼光。人民币目前形成了"面向发达国家—双边货币互换协议—双边贸易本币结算协议—离岸银行间清算体系—离岸人民币债券"的国际化模式。目前这个模式专注于提升人民币的国际结算职能以及有效的人民币回流机制，并没有涉及更复杂的国际银行间债券市场的完善，人民币计价权的提升以及人民币计价进行海外直接产业投资的策略。人民币国际化的下一步将更加专注于人民币定价权比重的提升，以人民币计价的资本的跨境流动等领域，完成"面向新兴市场—区域金融治理体系—实体经济定价权—虚拟经济定价权"的人民币国际化的平行路径。

人民币国际化将面临科技创新以打造实体经济计价优势，金融市场的纵深发展以形成人民币的金融计价优势等诸多产业发展课题。同时，人民币国际化必然要求进一步开放资本市场，完成资本项目完全可兑换，利率、汇率市场化改革等一系列目标。如果金融市场的完全开放在各产业计价优势形成之前，则人民币只能更多地拥有结算权，而缺少计价权，人民币容易成为国际市场的"套利交易"货币，无益于人民币国际化的总体战略部署。因此，人民币国际化的成败，实际上成为产业升级与金融市场开放之间的时间博弈。

中国政府曾经表示，无论人民币国际化带来的对制造商与贸易上的损失，与人民币国际化的总体收益相比孰轻孰重，中国都将坚定地推进人民币国际化。由此可见，人民币国际化是作为中国政府的顶层战略，作为进一步改革开放的重要内容来对待的。

通过本论文对于中日货币国际化的全方位的比较研究，充满信心地期待人民币国际化走出一条更加富有战略远见、更加勇于承担国际货币的全球责任之路。

参考文献

英文参考文献

[1] Ahluwalia, P. 2001. Discriminating Contagion: An Alternative Explanation of Contagious Currency Crises in Emerging Markets. IMF Working Paper, IMF.

[2] Aiyar, S. and Subramanian A. 2009. China's Dollar Delusion, Op-ed in the Guardian, Peterson Institute for International Economics.

[3] Aliber, R. Z. 1964. The Costs and Benefits of the U. S. Role as a Reserve Currency Country. The Quarterly Journal of Economics, pp. 442-456.

[4] Bank for International Settlements, Annual Report, various issues.

[5] Bank of Japan, Balance of Payments Monthly, various issues.

[6] Bank of Tokyo, Tokyo Financial Review, various issues.

[7] Baron, D. P. 1976. Fluctuating Exchange Rates and the Pricing of Exports, Economic Inquiry 14:425-438.

[8] Bergsten, C. F. 2009. WeShould listen to Beijing's Currency Idea. Op-ed in the Financial Times, Peterson Institute for International Economics.

[9] Bergsten, C. F. 2010. A Proposed Strategy to Correct the Chinese Exchange Rate. Congressional Testimony, Committee on Banking, Housing and Urban Affairs, United States Senate.

[10] Bergsten, F. 1975. The Dilemmas of the Dollar. New York University Press, New York.

[11] Bergsten. C. F. 2007. Currency Misalignments and the US Economy. Testimony before the committees of the House of Representatives. Peterson Institute for International Economics.

[12] Bernanke, B and Gertler, M. 1999. Monetary Policy and Asset Prices

Volatility. Economic Review, 4th quarter, Fed of Kansas.
[13] Black, S. 1990. Transactions Costs and Vehicle Currencies. Journal of International Money and Finance 10(4), Dec. :512-526.
[14] Bobba, M., Corte, G., and Powell A. 2007. On the Determinants of International Currency Choice: Will the Euro Dominate the World? Inter-American Development Bank, Research Department Working Paper No. 611.
[15] Calvo, G. 1998. Capital Flows and Capital-Market: The Simple Economics of Sudden Stops. Journal of Applied Economics 1. No. 1 Novermber. pp35-54.
[16] Calvo, G. & Rodriguez, C. 1977. A Model of Exchange Rate Determination under Curency Substitution and Rational Expectations. Journal of Political Economy 85, pp. 617-624.
[17] Cecchetti, S. H., Genberg. S, Lipsky, J and Wadhwani, S. 2000. Asset Prices and Central Bank Policy. Center for Monetary and Banking Studies, Geneva.
[18] Chang, R. and Velasco, A. 1998. Financial Fragility and the Exchange Rate Regime. New York: New York University, C. V. Starr School of Business. Working Paper.
[19] Chinn M, Frankel J A. 2007. Will the euro eventually surpass the dollar as leading international reserve currency? [M]//G7 Current account imbalances: sustainability and adjustment. University of Chicago Press, pp 283-338.
[20] Chinn, M. and Ito, H., 2008. A New Measure of Financial Openness. Journal of Comparative Policy Analysis 10(3) :309-322.
[21] Chinn, M., and Frankel J. 2008, The Euro May Over the Next 15 Years Surpass the Dollar as Leading International Currency. NBER Working Paper, No. 13909.
[22] Chinn, Menzie, and Jeffrey A. Frankel. 2007. Will the Euro Eventually Surpass the Dollar as Leading International Reserve Currency? In G7 Currency Account Imbalances Sustainability and Adjustment. Chicago: University of Chicago Press.

[23] Chitu, L. Eichengreen, B. and Mehl A. 2012. When Did the Dollar Overtake Sterling as the Leading International Currency? Evidence from the Bond Markets. NBER Working Paper No. 18097.

[24] Chow, H K. 2011. Is there a Yuan bloc in East Asia? [J]. Singapore Management University, mimeo.

[25] Cohen, B. 1979. The Future of Sterling as an International Currency. Macmillan: London and New York.

[26] Cohen, B. J. 2012. The Benefits and Costs of an International Currency: Getting the Calculus Right. Open Economic Review, pp. 13-31.

[27] Cooper, 1971. Currency Devaluation in Developing Countries. Rains, F. (ed.) Government Economic Development. New Haven: Yale University Press.

[28] Cooper, R. 1987. The International Monetary System: Essays in World Economics. Mass. : MIT Press.

[29] Dominguez K., Hashimoto Y. and Ito T. 2011. International Reserves and the Global Financial Crisis, NBER Working Paper, No. 17362.

[30] Dooley, M., Lizondo, J. S., and Mathieson, D. 1989. The Currency Composition of Foreign Exchange Reserves. IMF Staff Papers, vol. 36, No. 2. International Monetary Fund, Washingtong D. C.

[31] Dooley, M, Folkerts-Landau, D. and Garber, P. 2003. An Essay on the Revived Bretton Woods System. NBER Working Paper, No. 9971.

[32] Dornbusch. R, Park Y C. 1999. Flexibility or nominal anchors? [J]. Exchange rate policies in emerging Asian countries, 3-34.

[33] Eichengreen, B. 1990. Is Europe an Optimum Currency Area? Discussion Paper No. 478, Center for Economic Policy Research.

[34] Eichengreen, B., Rose, A. and Wyplosz, C. 1996. Speculative Attacks on Pegged Exchange Rates: An Empirical Exploration with Special Reference to the European Monetary System. The New Transatlantic Economy. Canzoneri, M., Ethier, W. and Grilli, V. (eds.) New York: Cambridge University Press.

[35] Eichengreen, B, Bayoumi, T. 1999. Regional, Global, and Historical Perspectives on Asian Monetary Relations[J]. Exchange Rate Policies in Emerging Asian Countries, 13: 318.

[36] Eichengreen, B. and Mathieson, D. 2001. , The Currency Composition of Foreign Exchange Reserves: Retrospect and Prospect. IMF Working Paper WP/00/131, Washington D. C.

[37] Eichengreen, B. and Hatase, M. 2005. Can a Rapidly-Growing Export-Oriented Economy Smoothly Exit an Exchange Rate Peg? Lessons for China from Japan's High-Growth Era. NBER Working Paper, No. 11625.

[38] Eichengreen, B. 2005. Sterling's Past, Dollar's Future: Historical Perspectives on Reserve Currency Status, NBER Working Paper, No. 11336.

[39] Eichengreen, B. and Marc Flandreau. 2008. The Rise and Fall of the Dollar, or When Did the Dollar Replace Sterling as the Leading International Currency? NBER Working Paper 14154. Cambridge, MA: National Bureau of Economic Research.

[40] Eichengreen, B. 2011a. Exorbitant Privilege: the Rise and Fall of the Dollar and the Future of the International Monetary System. Oxford: Oxford University Press.

[41] Eichengreen, B. 2011b. The Renminbi as an International Currency. Journal of Policy Modeling 33(5): 723-730.

[42] Eken, S. 1984. Integration of Domestic and International Financial Markets: The Japanese Experience. Staff Papers, Internaitonal Monetary Fund. Vol. 31. pp499-548.

[43] Flandreau M, Jobst C. 2005. The Ties that Divide: a Network Analysis of the International Monetary System. Journal of Economic History, 65(4): 977-1007.

[44] Flandreau, M. and Jobst, C. 2009. The Empirics of International Currencies: Network Externalities. History and Persistence. The Economic Journal. 119: 643-664.

[45] Fleming, J. M. 1962. Domestic Financial Policies under Fixed and Floating Exchange Rates. IMF Staff Papers 9: 369-379.

[46] Fleming, J. M. 1971. On Exchange Rate Unification. The Economic Journal. 81.

[47] Flood, R. P., & Garber, P. M. 1984. Collapsing Exchange-Rate Regimes: some linear examples. Journal of International Economics, pp. 1-13.

[48] Forbes, K. 2012. International Monetary Reform. Panel discussion at the AEA Annual Meetings, Chicago, Jan. 7th.

[49] Frankel, J., 1980, Exchange Rates, Prices and Money: Lessons from the 1920's. NBER Working Paper, No. 452.

[50] Frankel, J. 1984. The Yen/Dollar Agreement: Liberalizing Japanese Capital Markets, Policy Analyses in International Economics, No. 9. Washington: Institute for International Economics.

[51] Frankel, J. 1992. Is Japan Creating a Yen Bloc in East Asia and the Pacific? NBER Working Paper No. 4050.

[52] Frankel, J. and S. Wei. 1994. "Yen Bloc or Dollar Bloc? Exchange Rate Policies of the East Asian Economics", in Macroeconomic Linkages: Savings, Exchange Rates and Capital Flows. Chicago: University of Chicago Press, pp. 295-329.

[53] Frankel, J. 1999. No Single Currency Regime is Right for All Countries or at All Times. NBER Working Paper no. 7338.

[54] Frankel, J., and S. Wei. 2007. Assessing China's exchange rate regime[J]. Economic Policy, 22(51): 575-627.

[55] Frankel J. 2012. Internationalization of the RMB and Historical Precedents. Journal of Economic Integration, Sejong Institution, Sejong University.

[56] Friberg R. 1998. In which currency should exporters set their prices? [J]. Journal of International Economics, 45(1): 59-76.

[57] Fukao, M., and Okina, K. 1989. Internationalization of Financial Markets and Balance of Payments Imbalances: A Japanese Perspective. Carnegie-Rochester Conference Series on Public Policy, Vol. 30. pp167-220.

[58] Fukuda, S. 1996. The Structural Determinants of Invoice Currency in Japan: The Case of Forming Trade with East Asian Countreis. Ito, T and Krueger, A (eds.) Financial Deregulation and Integration in East Asia. Chicago: University of Chicago Press.

[59] Fukuda S. ,and Ono,M. 2006. On the Determinants of Exporters' Currency Pricing: History vs. Expectations. Journal of the Japanese and International Economics 20: 548-568.

[60] Gagnon. J. 2013. Stabilizing Properties of Flexible Exchange Rates: Evidence from the Global Financial Crisis. Peterson Institute for International Economics,No. PB 13-28.

[61] Giovannini,A. 1988. Exchange Rates and Traded Goods Prices,Journal of International Economics 24: 45-68.

[62] Grassman,S. 1973. A fundamental symmetry in international payment patterns[J]. Journal of International Economics,3(2): 105-116.

[63] Hartman P,1998. Currency Competition and Foreign Exchange Markets: The Dollar,the Yen and the Euro. Cambridge: Cambridge University Press.

[64] Heller H R,Knight M D. 1978. Reserve-Currency Preferences of CentralBanks[M]. International Finance Section, Department of Economics,Princeton University.

[65] Henning C. R. 2012. Choice and Coercion in East Asian Exchange Rate Regimes[J].

[66] Henry,P. 2003. Capital Account Liberalization,the Cost of Capital, and Economic Growth. NBER,Massachusetts.

[67] Ingram,J. C. 1962. A Proposal for Financial Integration in the Atlantic Community. Joint Economic Committee. Factors Affecting the United States Balance of Payments. pp:195-207.

[68] Ito, T. 1986. Capital Controls and Covered Interest Parity. NBER Working Paper No. 1187.

[69] Ito,T. 1988. use of Time Domain Vector utoregressions to Test Uncovered Interest Parity. Review of Economics and Statistics 70,296-305.

[70] Ito, T. and Iwaisako, T. 1995. Explaining Asset Bubbles in Japan. NBER Working Paper,No 5358.

[71] Ito T. and Melvin M. 1999. Japan's Big Bang and the Transformation of Financial Markets. No. 7247.

[72] Ito T. and Mishkin,F. 2004,Two Decades of Japanese Monetary Policy and the Deflation Problem. NBER,15th East Asian Seminar on Economics.

[73] Ito T. 2012. China as number one: how about the renminbi? [J]. A-

sian Economic Policy Review,5(2): 249-276.
[74] Stock,J. 1994. New Indexes of Coincident and Leading Economic Indicators. NBER Macroeconomics Annual. pp351-394.
[75] Johnson,B. 1998. Sequencing Capital Account Liberalizations and Financial Sector Reform. IMF paper on Policy Analysis and Assessment. PPAA/98/8.
[76] Johnson, M. , and Pick, D. 1997. Currency Quandary: The Choice of Invoicing Currency under Exchange-Rate Uncertainty, Review of International Economics 5(1):118-128.
[77] Kaminsky, G. l. and Reinhart, C. 1999. The Twin Crises: The Causes of Banking and Balance of Payments Problems. American Economic Review 89(3). pp473-500.
[78] Kannan,P. 2009. On the Welfare Benefits of an International Currency. European Economic Review,53:588-606.
[79] Kawai, M. , and Akiyama, S. 2000. Implications of the Currency Crisis for Exchange Rate Arrangements in Emerging East Asia. World Bank Working Paper, No. 2502.
[80] Kenen,P. ,1969. The Theory of Optimum Currency Areas: An Eclectic View. Mundell, R. and Swoboda, A. (eds.) Monetary Problems of the Internaitonal Economy. Chicago:University of Chicago Press.
[81] Kenen,P. 1983. The Role of the Dollar as an International Currency. Group of Thirty,Occasional Papers,No. 13.
[82] Kiyotaki,N. ,Wright R. 1989. On Money as a Medium of Exchange. Journal of Political Economy,97(4):927-954.
[83] Krueger, A. 1983. Exchange-Rate Determination. Cambridge, UK: Cambridge Univeristy Press.
[84] Krugman,P. 1979. A Model of Balance-of-Payments Crises. Journal of Money,Credit and Banking,pp. 311-325.
[85] Krugman P. 1980. Vehicle Currencies and the Structure of International Exchange. Journal of Money,Credit and Banking,12(3):513-526.
[86] Krugman,P. 1984. The International Role of the Dollar: Theory and Prospect. ed. by John F. O. Bilson and Richard Marston. University of Chicago press. pp 261-78.
[87] Krugman,P. 1989. Differences in Income Elasticities and Trends in Real Exchange Rates. European Economic Review. 33. pp1055-1085.

[88] Krugman, P. 1999. Balance Sheets, the Transfer Problem and Financial Crisis.

[89] Lindert, P. 1969. Key Currencies and Gold: 1900-1913. Princeton Studies in International Finance. No. 24. August.

[90] Mendoza, E. ,2001. Credit, Prices, and Crashes: Business Cycles with a Sudden Stop. NBER Working Paper no. 8338.

[91] Mason, M. 1982. American Multinational and Japan. Cambridge, Mass. Harvard University Press.

[92] Masson, P. 1998. Contagion: Monsoonal Effects, Spillovers, and Jumps between Multiple Equilibria. IMF Working Paper. pp98-142.

[93] Mattoo, A. , Mishra, P. , and Subramanian A. 2012. Spillover Effects of Exchange Rates: A study of the Renminbi. Peterson institute for International Economics WP 12-4.

[94] Mckinnon, R. 1963. Optimum Currency Areas. The American Economic Review, Vol. 53, no. 4.

[95] Mckinnon, R. 1973. Money and Capital in Economic Development. Washington D. C. :Brookings Institution Press.

[96] McKinnon, R . 1979. Money in International Exchange: The Convertible Currency System: The Convertible CurrencySystem[M]. Oxford University Press.

[97] McKinnon, R. and Huw, P. 1999. Exchange-Rate Regimes for EmergingMarkets. : Moral Hazard and International Over-Borrowing. Oxford Review of Economic Policy. 15(3). pp19-38.

[98] McKinnon ,R . 2000 The East Asian dollar standard, life after death? [J]. Economic Notes,29(1): 31-82.

[99] Mishkin, F. 1996. Understanding Financial Crises: A Developing Country Perspective. NBER Working Paper 5600.

[100] Mishkin, F. 2001. Financial Policies and the Prevention of Financial Crises in Emerging Market Countries. NBER Working Paper 8087.

[101] F. S. 1996. Understanding Financial Crisis: A Developing Country Perspective. Michael Bruno and Boris Pleskovic (eds.). Annual World Bank Conference on Development Economics. Washington DC: World Bank.

[102] Mundell, R. A. 1961. A Theory of Optimum Currency Areas. American Economic Review,51(3).

[103] Novy, D., 2006. HedgeYour Costs: Exchange Rate Risk and Endogenous Currency invoicing, Warwick Economic Research Papers no. 765, University of Warwick.

[104] Obstfeld, M. 1986. Speculative Attacks and External Constraint in a Maximizing Model of the Balance Payments. Canadian journal of Economics 9. pp1-22.

[105] Obstfeld, M. 1994. The Logic of Currency Crises. Cashiers économiques et Monétaires, pp. 189-213.

[106] Obstfeld, M. 1996. Models of currency crises with self-fulfilling features. European Economic Review, pp. 1037-1047.

[107] Ohwaka, K. and Rosovsky, H. 1973. Japanese Economic Growth. Stanford: Standford University Press.

[108] Osugi, K. 1990. Japan's Experience of Financial Deregulation Since 1984 in an Internaitonal Perspective. BIS Economic Papers, Bank for International Settlements, No. 26.

[109] Page, S., 1980. The Choice of Invoicing Currency in Merchandise Trade, National Institute Economic Review 81(3):60-72.

[110] Portes R, Rey H. 1998. The Emergence of the Euro as an International Currency. NBER Working Paper, No. 6424.

[111] Posen, A. 2010. The Realities and Relevance of Japan's Great Recession: Neither Ran nor Rashomon. Peterson Institute for International Economics Working Paper 10-7.

[112] Prasad, E., Rumbaugh, T. & Wang Q. 2005. Putting the Cart before the Horse? Capital Account Liberalization and Exchange Rate Flexibility in China. China & World Economy, 3-20, Vol. 13.

[113] Quah C H, Crowley P M. 2012. Which country should be the monetary anchor for East Asia: the US, Japan or China? [J]. Journal of the Asia Pacific Economy, 17(1): 94-112.

[114] Reisen, H. 1998. Domestic Causes of Currency Criss. : Policy Lesson for Crisis Avoidance. OECD Development Center Working Paper, 137.

[115] Rey, H., 2001. International Trade and Currency Exchange, Review of Economic Studies 68:443-464.

[116] Rosenbluth, F. C. 1989. Financial Politics in Contemporary Japan. Ithaca, New York, Cornell University Press.

[117] Salant, S. and Herderson, D. 1978. Market Anticipations of Government Policies and the Price of Gold. Journal of Political Economy, 86. pp627-648.

[118] Schen, C. , 2010. The Decline of Sterling: Managing the Retreat of an International Currency. Cambridge: Cambridge University Press.

[119] Schularick, M. and Taylor, A. 2012. Credit Boms Gone Bust: Monetary Policy, Leverage Cycles and Financial Crisis, 1870-2008. NBER Working Paper No. 15512.

[120] Shimamoto, R. 1983. Monetary Control in Japan. Central Bank Views on Monetary Targeting, Meek, P (ed.), Federal Reserve Bank of New York.

[121] Subramanian A, Kessler M. 2013. The Renminbi Bloc is Here: Asia Down, Rest of the World to Go? 1) [J]. Journal of Globalization and Development, 4(1): 49-94.

[122] Subramanian, Arvind. 2011. Renminbi Rules: The Conditional Imminence of the Reserve Currency Transition.

[123] Sulimierska, M. 2008. The Theoretical Link between Capital Account Liberalization and Currency Crisis Episodes. International Journal of Business and Management.

[124] Suzuki, Y. 1987. The Japanese Financial System. Oxford University Press.

[125] Swoboda, A. Robert Mundell and the Theoretical Foundation for the European Monetary Union. Views and Commentaries, international Monetary Fund, Dec. 1999.

[126] Taguchi, H. 1992. A survey on the International Use of the Yen, BIS 335-355.

[127] Tavlas, G. , 1990. On the International Use of Currencies: The Case of the D. M. IMB Working Paper.

[128] Tavlas G. and Ozeki, Y. , 1991. "The Japanese Yen as an International Currency", IMF Working Paper No. 91/2, Jan.

[129] Tavlas, G., and Ozeki, Y., 1992. The Internationalization of Currencies: An Appraisal of the Japanese Yen. IMF Occasional Paper No. 90. International Monetary Fund: Washington D. C.

[130] Tavlas G. 1997. The international use of the US dollar: an Optimum Currency AreaPerspective [J]. The World Economy, 20 (6): 709-747.

[131] TavlasG. 1998. The International Use of Currencies: the U. S. Dollar and the Euro. Finance & Development, pp. 46-49.

[132] Taylor A. 2013. The Future of International Liquidity and the Role of China. NBER Working Paper, No. 18771.

[133] Thorn, R. The Rising Yen. Singapore: Institute of Southeast Asian Studies.

[134] Triffin, R. 1960 Gold and the Dollar Crisis. New haven, CT: Yale University Press.

[135] Yuen H. 2000. Is Asia an optimum currency area? "Shocking" aspects of output fluctuations in East Asia [J]. National University of Singapore Working Paper, August.

中文参考文献

[136] 爱德华·肖. 经济发展中的金融深化. 上海三联书店, 1988 年 10 月版.

[137] 巴曙松. 房地产大周期的金融视角. 城市住宅, 2012, 9, P 055.

[138] 曹勇. 国际铸币锐的分配, 计算与启示 [J]. 华南金融研究, 2002, 17(5): 9-12.

[139] 曹勇. 国际关键货币易位的网络外部性分析 [J]. 上海金融, 2012 (4): 83-89.

[140] 曾敏丽, 卢骏. 2007. 资本账户开放与金融不稳定的国际经验分析. 国际金融, 7.

[141] 陈虹. 日元的国际化之路. 世界经济与政治, 5. 2004.

[142] 成思危. 人民币国际化之路. 中信出版社, 2013 年版.

[143] 戴乾定. 关于货币自由兑换问题. 国际金融研究, 1993, 2, P001.

[144] 方霞, 陈志昂, 基于 G-PPP 模型的人民币区域"货币锚"效应, 数量经济技术经济研究, 2009. 4.

[145] 付丽颖. 日元国际化与东亚货币合作. 商务印书馆, 2010 年版。

[146] 付丽颖. 东北师范大学博士论文, 2012, 12.

[147] 高海红, 余永定. 人民币国际化的含义与条件[J]. 国际经济评论, 2010, 1(10).

[148] 关世雄. 亚洲货币一体化研究-日元区发展趋势[M]. 中国财政经济出版社, 2003.

[149] 管涛. 中国资本项目管理现状及人民币资本项目可兑换前景展望. 世界经济, 2002, 3, 页 29-31.

[150] 哈拉德·尼茨, 孙彦红. 欧元区扩大前景[J]. 欧洲研究, 2006, 23(5): 94-112.

[151] 韩强. 论人民币自由兑换与国际化目标[J]. 金融理论与实践, 1999, 7: 7-10.

[152] 郝宇彪, 田春生. 人民币国际化的关键: 基于制约因素的分析[j]. 经济学家. 2011, 11。

[153] 何帆. 人民币国际化的现实选择[J] 国际经济评论, 2009(04): 8-14.

[154] 姜波克. 开放经济下的宏观金融管理。上海: 复旦大学出版社, 1999.

[155] 姜波克, 李心丹. 货币替代的理论分析及其对中国的影响[j]. 经济与管理。1998, 07.

[156] 菊地悠二, 陈健译, 日元国际化-进程与展望[M], 北京: 中国人民大学出版社, 2002 年版。

[157] 李稻葵, 刘霖林. 人民币自由兑换与国际化. 中国金融, 10, 2008.

[158] 李稻葵, 刘霖林. 人民币国际化: 计量研究及政策分析[J]. 金融研究, 2008, 11: 1-16.

[159] 李建军 & 田光宁. 三大货币国际化的路径比较与启示. 上海金融, 9, 2003.

[160] 李剑峰 & 蓝发钦. 发展中国家的资本账户开放与货币危机实证研究. 财经问题研究, 7, 2007.

[161] 李晓, 丁一兵. 人民币汇率变动趋势及其对区域货币合作的影响[J]. 国际金融研究, 2009, 3: 8-15.

[162] 李晓, "日元国际化"的困境及其战略调整[J]. 世界经济, 2005(6): 3-18.

[163] 刘瑞. 日元国际化困境的深层原因。日本学刊 2012: 96-111.

[164]刘士余,王辰华.中国经济货币化进程：动态演进及实证解说.金融研究,2005(3),页38-49.

[165]罗娟.资本账户开放会引发金融危机吗？新金融,2008(2).

[166]马光明.促进对外直接投资应对当前贸易保护主义——中国与20世纪80年代日本的比较研究.财贸经济,2010(6),页013.

[167]邱崇明,刘郁葱.产业竞争力对货币国际化的决定性作用研究[J].《福建论坛：人文社会科学版》,2010年第6期9-14页。

[168]孙铃,陶士贵.我国国际收支失衡问题研究综述[J].经济问题探索,2008(9).

[169]谭庆华.对东亚货币一体化的再考察：一个基于经济冲击相关性的实证研究[J].世界经济文汇,2008(5)：59-69.

[170]汪洋.跨境贸易以人民币结算：路径选择与风险.国际经济评论,2011(2),页012.

[171]王倩,王玉.东亚区域汇率协调机制的构建——基于不同汇率制度下名义有效汇率稳定性的比较[J].经济经纬,2012（5）：58-62.

[172]王倩.东亚经济体汇率的锚货币及汇率制度弹性检验——基于新外部货币模型的实证分析[J].国际金融研究,2011(11)：30-38.

[173]王勇辉,张春江.从人民币角度看东亚货币合作中的汇率机制改革问题[J].社会主义研究,2009（1）：114-118.

[174]王元龙.人民币资本项目可兑换与国际化的战略及进程.中国金融,2008(10),页36-39.

[175]王元龙.人民币资本项目可兑换相关问题的探讨.经济研究参考,2013,49,页19-28.

[176]温军伟.国际货币基金组织与资本项目可兑换.金融理论与实践,2013(11),页58-60.

[177]吴念鲁,杨海平&陈颖.论人民币可兑换与国际化.国际金融研究,2009(11),页002.

[178]吴念鲁.论人民币汇率机制及人民币自由兑换的前景.国际金融研究,2000(6).

[179]吴宇,郭靖.马克、日元国际化的实践及启示。《日本问题研究》,2013,06.

[180]徐明棋.从日元国际化的经验教训看人民币国际化与区域化[J].世界经济研究,2006(12)：39-44.

[181] 许祥云. 日元国际化及其对人民币的启示—复旦大学博士论文, 2011,03.

[182] 颜华国,蔡宏波,林舒. 东亚货币合作的经济基础——基于Frankel—Rose 内生性假说的新检验[J]. 国际贸易问题,2008(3): 55-59.

[183] 叶春明 & 许新亚. 资本管制与金融危机—智利模式与中国实践的分析. 经济社会体制比较,2005(2).

[184] 殷剑锋. 人民币国际化:"贸易结算 + 离岸市场"还是"资本输出 + 跨国企业"——以日元国际化的教训为例. 国际经济评论,2011(4).

[185] 余永定。再论人民币国际化[J]. 国际经济评论,2011(5):7-21.

[186] 张国庆 & 刘骏民. 日元国际化:历史、教训与启示. 上海金融,2009(8).

[187] 张宇燕,张静春. 货币的性质与人民币的未来选择——兼论亚洲货币合作[J]. 当代亚太,2008 (2): 9-43.

[188] 赵春明,李小瑛. 东亚货币合作与人民币核心货币地位探析[J]. 当代亚太,2007 (2): 36-43.

[189] 赵锡军,李悦,魏广远. 亚洲货币合作:理论与可行性研究[J]. 中国人民大学学报,2007,5: 69-76.

[190] 钟伟,略论人民币的国际化进程[J],《世界经济》,2002 年第3 期.

[191] 周小川. 人民币资本项目可兑换的前景和路径. 金融研究,2012(1),页 1-19.

[192] 周阳,唐齐鸣. 估计汇率形成机制的一种新方法:以人民币汇率为例[J]. 国际金融研究,2011 (11): 39-47.

后 记

论文收笔的刹那,有一种莫名的解脱。近四年的博士学习,是在边读书、边工作、边出版访谈录的状态下完成的。读书的经历就如同《圣经》里讲到的故事:当一只大象穿过了一支针眼的那面,它就看见了天堂。写作最痛苦的那些瞬间,就是在这个信念的支撑下熬过来的。

在此,真诚地感谢我的导师,您给了我希望,让我圆了这一生的梦想。感谢帮助过我成长的所有老师,也感谢与我共同编织生命梦想的同学们,你们的求知精神催生了我奋斗的力量。

特别感谢所有对我论文给予过无私帮助的师友们,从理论框架到模型设计再到文字推敲,每一步都有大家最真诚的指导。

也要谢谢我天各一方的家人,感谢你们的理解和宽容。我的女儿,借此特别的时刻,最希望告诉你"知识可以改变人的命运"。

于泽

2015 年 12 月

图书在版编目(CIP)数据

人民币崛起与日元之殇/于泽 著—上海：上海三联书店，2016.7
 ISBN 978-7-5426-5512-7
 Ⅰ.①人… Ⅱ.①于… Ⅲ.①日元-金融国际化-研究 ②人民币-金融国际化-研究 Ⅳ.①F823.13 ②F822

中国版本图书馆 CIP 数据核字(2016)第 038632 号

人民币崛起与日元之殇

著 者/于 泽
责任编辑/陈启甸
特约编辑/苏雪莹 牛 海
装帧设计/李 莹
出版发行/上海三联书店
 (201199)中国上海市都市路 4855 号 2 座 10 楼
 http://www.sjpc1932.com
印 刷/北京旭丰源印刷技术有限公司
版 次/2016 年 7 月第 1 版
印 次/2016 年 7 月第 1 次印刷
开 本/960×640 1/16
字 数/220 千字
印 张/10.25

ISBN 978-7-5426-5512-7/F·738
定 价:88.00 元